MI FAMILIA SOY YO

Transitando por el camino de la incertidumbre,
la tempestad y la agonía de la soledad absoluta.

MI FAMILIA SOY YO

Transitando por el camino de la incertidumbre, la tempestad y la agonía de la soledad absoluta.

Mi libro lleva mi alma en cada frase.
Laura del Carmen Sánchez

Para la mujer que soy hoy, sin filtros,
para mi niña interior que no está sola,
para mis peluditas y su amor incondicional,
para las mujeres que no pudieron contar su historia.

Con todo mi cariño de Osa

PRÓLOGO

Al subir al taxi el chofer me preguntó si llevaría la silla de ruedas, a lo cual asentí con la cabeza. Seguramente le molestó tener que hacer espacio en su cajuela porque cuando estaba frente al volante me dijo con cierta seriedad:

–Para la otra pida un taxi más grande.

–Mire, en este momento voy a hablar al sitio para reportarlo.

–No, no ¿A dónde la llevo?

–Lléveme a las oficinas del agua donde será la primera parada y después continuaremos a la fiscalía de Naucalpan, la que está frente al Palacio Municipal –con actitud segura y fría.

Tratando de hacerme plática, típico, hablamos del clima, el tema salvador creo yo que en todas las culturas e idiomas.

Al llegar a pagar el agua me dijo:

–Bájese, aquí la espero.

–Me temo que no podré, tendrá que acercarme la silla por favor.

–Ah sí, verdad, lo había olvidado. Si quiere deme el recibo y yo se lo pago.

–Le agradezco pero voy a pagar con tarjeta.

No puedo quejarme, me atendieron de maravilla. Un lugar entre mil donde tienen inclusión y respeto para los discapacitados.

Durante el trayecto el señor Mauricio me preguntó que por qué estaba en silla de ruedas.

–¿Algún accidente?

–No, soy sobreviviente de violencia familiar.

–Pues ¿qué hizo para que le pegaran?

–¡Caramba! ¿Qué hay que hacer para que le peguen a una?

Mi mente no lo podía creer. Tenemos tan normalizado el tema que les hemos dado el poder a los hombres de pensar que somos de su propiedad y como objetos, sin ideas ni derechos tenemos que soportar nuestra cruz.

En mis congresos siempre invito a los presentes a tomar terapia porque es un deber darle mantenimiento a la salud mental ya que después de todo también somos lo que no podemos contarle a nadie.

Y hoy en pleno uso de mis facultades he tomado la decisión de abrir esta caja de Pandora que se mantuvo cerrada durante muchas estaciones.

ÍNDICE

MI FAMILIA SOY YO

Mi querida y amada mi misma,

La vida nos hace preguntas que debemos responder lo mejor posible a pesar del dolor, el abandono, el frío, el hambre, la enfermedad, la violencia y la incertidumbre.

Nacimos para sobrevivir y vamos desarrollando y aprendiendo mecanismos de defensa y autoprotección para enfrentar de todo en la línea de fuego.

No tengo conocimiento de lo que se viene pero de algo sí estoy segura yo voy a morir en el campo de batalla. Me concibo como un soldado medieval en una lucha por un ideal con arco, flecha y ballesta. La verdad es que soy toda una guerrera. Muchas personas a lo largo de mi camino me lo han dicho y hoy me muevo con ese instinto que me inviste de fortaleza edificante y reformista trazando tácticas y estrategias para no morir en el intento.

Hoy estamos solas tú, mi niña interior y yo, y quiero escribir estas líneas desde el amor propio y no desde la victimización con el único propósito de pegar nuestras piezas rotas y en caso de que nos falte alguna será una ventana para dejar salir nuestra propia luz con la fuerza suficiente para seguir existiendo con sentido, ilusión y voluntad hasta cumplir nuestra misión: ser palabra que conforte, abrazo que cobije, presencia que acompañe, el adulto que te cuide y el faro que te guíe.

La soledad tiene sus encantos maravillosos y uno de ellos es que soy mi incondicional, mi *very best friend* y las únicas que dependen de mí son *London* y *Teeba*, mis adoradas mascotas, mis hijitas peludas.

Mi estímulo principal de cada despertar es el auto cuidado, mi ritual es sencillo pero disciplinado. Lo primero es dar gracias por despertar, le doy sus croquetas líquidas a *Tebba*, mi gatita y acompaño al baño a *London* porque ya está viejita, esta hermosa *yorkie* que me sigue a todas partes. Enciendo mi vela, suspiro y sonrío mirando al cielo con la intención de saludar a mis ancestros y a mi hijo Ramón, quien me enseñó el encanto de ser mamá de un producto terminado y perfecto.

Después tomo la primera pastilla en ayuno y media hora después la siguiente ronda de drogas multicolores. Mi café recién molido hace el honor de empezar la sinfonía del desayuno seguido de un "Alexa, buenos días" y es la primera voz en contestarme en mi idioma porque es obvio que mis peludas ya lo han hecho al saludarme en su muy particular forma de convivir con su mamá humana.

Alexa me pone al tanto de lo que se celebra en el día, me dice las noticias del mundo, las nacionales y después le pido música variada para prepararme un buen desayuno por el placer de cocinarme, apapacharme y consentirme, sorteando cada movimiento con mi andadera porque no tengo equilibrio. Tengo muchas pasiones y cocinar es una de ellas. Antes lo hice para la familia que decidí formar, para grupos de amigos y familia extendida. Pero nada es para siempre e inequívocamente todo te puede cambiar en tres patadas.

Ser resiliente está de moda en estos días que hay tantas definiciones como seres de luz. La mía es pararte de entre las cenizas, sacudirte el polvo, caminar erguida cuidando que cada paso venga con una elegante y auténtica actitud como si ya estuvieras disfrutando de un nuevo capítulo en tu vida.

Es para ti querida Laura, a quien le escribo de la mano de *Lala* o *Lalita* con todo mi amor de osa.

CAPÍTULO 1
ABANDONO Y SOLEDAD

Después de la caída del imperio romano en octubre del año 476 de nuestra era, en occidente empezó el éxodo de grupos de migrantes en busca de buenas tierras de cultivo, preferentemente cerca de un río y estratégicamente con salida al mar para establecer rutas comerciales y a la postre colonizar tierras lejanas.

De tal suerte que empezaron las pequeñas villas amuralladas que después, tras muchos combates cuerpo a cuerpo y matrimonios por conveniencia formaron reinos que continuaron la tradición monárquica con el cobro de tributos y una endeble justicia elitista debido al feudalismo.

Sin embargo, en oriente todavía continuó el gran imperio romano-bizantino el cual pervivió durante toda la edad media y comienzos del renacimiento. Hasta que llegó el califato o imperio otomano conocido por su superioridad militar hasta el siglo XVI. Así empezaron las Cruzadas y la guerra de las religiones. En total fueron ocho cruzadas entre 1095 y 1291 con el objetivo de recuperar los lugares sagrados de la cristiandad.

Estoy rota en un lugar que no conozco es lúgubre y frío pero también me recuerda al más allá. Hay humedad y percibo un hedor a sangre, orina y heces. Puedo escuchar gritos y lamentos creo que es una cámara de tortura medieval.

No siento mis piernas y han venido muchos monjes a preguntarme mi nombre completo, cuántos años he vivido y de dónde soy. Estoy agotada pero alerta al dolor que pueda causarme sufrimiento.

Quiero dormir pero en cuanto cierro los ojos vienen a gritarme indulgentemente. Mi corazón se agita y siento un sudor frío en la frente y la espalda.

Me han desvestido y tengo puesta una sotana raída sin botones. Siento en el pecho un peso parecido al de una gran roca y en mis muñecas me enterraron artefactos punzo cortantes que me queman la piel y los huesos.

Escucho voces lejanas diciendo que no sobreviviré y un par de lágrimas resbalan sobre mis mejillas hasta la comisura de mis labios pero no me quitan la sed porque me saben a sal.

Llega un fraile que me amarra fuertemente el brazo izquierdo con una cuerda y siento que me corta la piel para desangrarme.

¿Cómo es que llegué hasta aquí? Me acusaron de bruja y me harán un juicio sin poder defenderme para quemarme con leña verde al alba.

Me han venido a preguntar sobre la religión que profeso, pero en mi mundo te torturan si no les gustan tus respuestas.

A las mujeres judías les arrancan los pezones con unas pinzas y después las van sumergiendo en una olla gigante con agua hirviendo. Si dices que eres musulmana y practicas el islam te torturan en el potro hasta quebrarte los huesos. Por lo tanto elegí ser pagana, toda una celta druida, adoradora de Brígida, Sulus y Freya porque de esa forma me quemarán asida a un tronco poniendo las plantas de los pies sobre leña y si mi familia logra ajustar una cantidad en monedas humedecerán la leña y al encenderla soltará humo y moriré de asfixia antes de ser calcinada.

Por fin logro cerrar los ojos vencida por el dolor y el miedo que causa la incertidumbre aún recuerdo la última imagen que me conectó con mi estado agonizante era mi padre que me decía –este no es tu tiempo debes soportar–.

–Laura, ¿me escuchas? ¡Laura!

Pude despertar por los gritos y una luz intensa que entraba por mis pupilas causando distorsión de imágenes y mucho ardor.

–Soy el jefe de urgencias del Hospital Central Militar, llegaste en condiciones graves. Te hemos estado haciendo análisis y monitoreando por horas. Presentas un cuadro agudo de anemia, sagrado interno, arritmias, baja oxigenación y una desnutrición grado cuatro. Pesas treinta y siete kilos y tu corazón está sufriendo. Estamos esperado cuarto porque todas la salas están ocupadas por pacientes Covid. Tenemos que transfundirte urgentemente y también te vamos a meter un catéter del antebrazo hasta el corazón para poder pasarte medicamentos. Mi coronel ya tiene conocimiento de tu situación y viene en camino desde Zacatecas.

–Doctor, yo no quiero ver a esa persona. Como paciente tengo todo el derecho de elegir quién quiero que esté conmigo y quién no.

–Señora Laura ¿Cómo pudo llegar hasta este grado tan precario de salud?

–La definición de señora es la esposa del señor y definitivamente el padre de mis hijos no es un señor. Mejor dígame Laura o si lo prefiere tanatóloga o doctora porque me da vergüenza que me relacionen con alguien que no tuvo corazón para abandonarme a mi suerte.

–La persona que la acompaña ¿qué es de usted?, ¿es familiar?

–Es más que eso doctor, Héctor ha sido mi brazo derecho durante muchos años y sí, es como la familia que sí se escoge. Desde ayer en la noche le pedí que llegara por mi a las seis de la mañana después de recibir unos análisis de Salud Digna que me llegaron por *WhatsApp* los cuáles parecían estar escritos en arameo y los resultados marcaban dos o tres asteriscos. Se los reenvié al doctor Marbán, quien de inmediato se ofreció a ir por mí a casa y traerme al hospital pero me negué ante su insistencia, noté su enojo y preocupación por su voz alterada pero yo necesitaba escribirle a mis hijas lo que sentía que tal vez eran mis últimas líneas en vida. Laura, Sarah y Ramón† son mi único motor y mi sentido. También tenía que dejar bien encargadas a mis mascotas una *yorkie* añosa y una gatita. No se imagina lo mucho que me quieren y me consuelan cuando lloro por hambre y frío en la noches.

–El general Marbán me pidió que estuviera al pendiente de usted. El maestro es toda una leyenda, demasiado exigente.

–Y de gran calidad humana y moral. Desde que me diagnosticaron Crohn no me ha soltado y ahora que no pude hacerme mis estudios de control por la pandemia él me ofreció su clínica y nunca me cobró las consultas. Estoy en deuda con él.

–Doctora, ahora la reconozco. Usted ha dado una serie de pláticas en el Colegio Nacional de Médicos Militares, en nuestros auditorios y congresos. Su... bueno, el papá de sus hijos parecía estar muy orgulloso de usted y demostraban ser un matrimonio feliz.

–Ay doctor, hoy amaneció de buen humor. No juzgue una vida por una foto de perfil. Nadie es tan guapo como su foto de *Facebook* ni tan feo como su licencia de conducir.

–¿Cómo puede tener tan buen humor estando tan delicada?

–Porque no debemos perder nuestra esencia y si acaso no salgo de esta, decido ser **extrañable**. Esta es de mis *Lalita* frases en mi consultorio cuando me toca traducir un diagnóstico fatal.

–Es usted muy valiosa y sí va a salir de esta y de muchas.

–Doctor hace muchos años que dejé de creer en los Santos Reyes incluso en los cumpleaños.

Un silencio invadió el espacio llenándose de signos de interrogación las preguntas se dibujaban en las paredes verde desgastado de la sala de urgencias. De el "¿Porqué a mí?" En otro muro se escribía "¿Para qué a mí?" Pero esta Laura, amante de las preguntas retóricas se preguntó a ella misma "¿Y por qué no?".

–Laura, vamos a pasarla a terapia intensiva. Ahí la empezaremos a transfundir y la seguiremos monitoreando. Le diremos a su acompañante que nos siga para que le deje su maleta con sus artículos de aseo personal. ¿Se le ofrece algo en especial?

–Quisiera una hamburguesa con papas y una *coquita* de vidrio bien fría.

–Hoy no se va a poder pero le prometo que pronto yo mismo se la traigo.

Cuando ingresé a terapia intensiva un enfermero me cargó sin hacer mucho esfuerzo de la camilla a la cama con colchón forrado de hule y cubierto con sábanas blancas percudidas, desgastadas y descosidas. Me fueron conectando con cables, electrodos, suero, sangre, oxígeno y pusieron a mi alcance el timbre de emergencia para llamar al médico o enfermera de turno pero, me advirtieron que ese timbre estaba fallando así que era mejor que gritara en caso de ser necesario.

También recuerdo que me comentaron que ese cuarto, a pesar de ser para jefes no tenía baño por lo que tenía que pedir el cómodo cada vez que quisiera orinar. Yo solo asentí con la mirada llenita de miedo, frío y soledad porque a Héctor solo lo dejaron pasar un momento en lo que dejaba mi maleta azul rey de rueditas y cuando me preguntó si quería algo, le pedí mi celular y mi oso gris para poder sentirme abrazada en lo que mis hijas me llamaban o me escribían. Pude ver la hora y ya casi daban las cinco de la tarde. Qué confusión entre espacio y tiempo con el ruido de los monitores, el cojín inflándose en mi antebrazo de cuando en cuando para medirme la presión arterial y el murmullo de las voces, el teclado insístente de los residentes y las alertas azul y roja de las emergencias se convierte en un mundo paralelo y un momento suspendido en el infinito universo de sensaciones y sentimientos persistentes e impronunciables que te quiebran en mil pedazos el corazón.

Supe entonces que era momento de apagar mi teléfono porque segura estaba de que mis hijas ya dormían a cientos de kilómetros de mamá *Lala*.

Cerré mis ojos y pude conversar con mi diálogo interno que me repetía que el valor real del ser humano solo se mide en una verdadera tragedia humana.

Llegó el cambio de turno y ordenados como en un tablero de ajedrez se fueron presentado por grado, apellido y cargo. Acto seguido el residente presentó mi caso, el cual iba narrando como queriendo armar un rompe cabezas de cinco mil piezas con solo quinientas, porque no había explicación ante mi indescifrable existencia. Mis labios enmudecieron ante un posible diagnóstico terminal de leucemia, en ese momento es cuando se separa el cuerpo del alma y lo que más necesitas es solo un abrazo que pegue tus partes suspendidas antes de desbordarte en llanto. Solo apreté contra mi pecho a mi oso *Mungus*.

Los profetas del miedo quitan la felicidad y aumentan el dolor, así que respiré profundamente y pregunté sobre el tiempo de vida que me quedaba y el espacio se llenó de un silencio absoluto y oscuro.

Entonces me dirigí a todos y les dije: "Soy especialista en pérdidas y aguanto mucho, les aseguro que soy más fuerte de lo que parezco."

De inmediato el jefe de la sala de terapia comentó firmemente que aún no era el momento de dar un diagnóstico definitivo porque faltaban muchos estudios por hacerme pero mientras tanto el daño ya estaba hecho, y ahí me tienes sacando el apellido y respondiendo con rudeza y enojo que les hacía falta una materia en su escuela que era "Cómo dar una mala noticia" y si tenían dudas me preguntaran.

La mayoría volvió a sus actividades y se quedaron conmigo, la hematóloga, el médico internista, el especialista de colon y recto, el ortopedista y el cardiólogo. Este último no era quien me había faltado al respeto unos meses antes. De todos los especialistas al único que conocía era al doctor Carreño quien ha sido muy atento y empático desde que me empezó a dar seguimiento a mi enfermedad inflamatoria intestinal.

–Laura, nos podría explicar lo qué hizo para desnutrirse de esa forma, todos sus niveles están vacíos y su peso es raquítico. Parece un niño africano que no ha comido en mucho tiempo. ¿Cómo fue que llegó a este punto de enfermedad?, ¿Acaso se estaba dejando morir? En su expediente médico pudimos observar que ha pasado por etapas depresivas.

Así es, cada enfermedad viene con su monedero de depresión y las dos más depresivas son afecciones en el corazón y en el intestino.

A principios de junio del 2021 tuve una fractura de tobillo derecho estando con mi hija Laura comiendo para despedirla antes de que viajara a Alemania ya que me había pedido no acompañarla al aeropuerto porque últimamente me había vuelto más lenta y no quería perder el tiempo por mi culpa. Al pagar la cuenta me caí y fue el mesero que nos estuvo atendiendo quien me ayudó a levantarme. Mi hija solo reprobó el hecho, haciéndome sentir inútil.

Y a partir de ese incidente sufrí de diez esguinces más. Es decir, cinco en cada tobillo. Acompañado de pérdida de peso, masa muscular, mareos constantes y opresión en el pecho con dificultad para respirar y lo peor eran las diarreas lo cual es síntoma de la activación o brote de la enfermedad de Crohn.[1]

Nuestro símbolo es un dragón morado al cual no hay que despertar, una caquita caricaturizada y yo propongo incluir a un chango mandril porque de tanto ir al baño el ph ácido de las evacuaciones te queman la piel y se forman fisuras anales. Es autoinmune y también puede ser hereditaria. El origen de la enfermedad es árabe-judía.

En plena pandemia en el hospital solo atendían pacientes Covid. Por ser paciente crónica la relación con mis especialistas era a través de *WhatsApp* y de esa manera funcionaban perfecto las fechas de consultas y laboratorios. Así que le pedí a mi cardiólogo, Alberto Cortez, una cita y me dijo que él sí estaba atendiendo normal en el hospital y que ya me tocaba mi *eco* del corazón. Llegué a tiempo como siempre y se sorprendió de verme caminando con bastón y muy adelgazada. Al interpretar mi *eco* me comentó que tenía poco tiempo de vida porque mi corazón, en especial mi válvula mitral, estaba cansada y dañada. No me dió más de tres años, a lo cual respondí que no sabía que también le hacía a la adivinación. La verdad el miedo vino en forma

---

1. Enfermedad Inflamatoria Intestinal. EII. Actualmente somos cinco millones de personas con Crohn en el mundo. Datos del Ministerio de Sanidad y Servicios Sociales Español. Confederación ACCU. Crohn y Colitis Ulcerosa. Ultima actualización 26 de enero del 2024. La mayor parte radica en España e Irlanda. Los síntomas son: anemia, dolor articular, bloqueos intestinales, sangrado al defecar, ojo seco y mucha diarrea.

de coraje y se potenció cuando me preguntó si todavía tenía relaciones sexuales. Mi respuesta fue escueta:

–Sí, ¿por?

–Por si se le ofrece yo estoy disponible.

–Gracias, pero usted no es mi tipo.

A pesar de entregar por escrito lo sucedido al director del hospital no hicieron nada.

Hay momentos que deseas traer puesta una armadura medieval al estilo Juana de Arco, sacar tu ballesta y pelear por tu integridad.

¡No, es no! Le di sentido al recordar la mitología griega cuando Dafne que fue una ninfa, tras la instigación de Apolo para estar con él, le pidió ayuda a su padre y este la convirtió en un árbol de laurel.

Cuando salí rumbo al estacionamiento del Hipódromo le marqué al papá de mis hijos y le comenté el diagnóstico, a lo cual respondió que ese no era su problema y que ya no le volviera a llamar. La verdad me lo dijo más grosero, algo así como "Déjame de ...ingar".

Desde ese momento empezó a transferirme menos quincenal y yo empecé a tratar de administrarme lo mejor que pude, pero los gastos fijos no tienen sentimientos así que reduje mis comidas a solo una por día.

Al final solo comía un huevo o un plátano diario. Me la pasaba sentada o en cama porque ya no podía sostenerme en pie. Un día le escribí por *Whats* a mi hija Sarah y le dije: "Mamá tiene hambre y frío" y ella me respondió que deseaba que pronto se arreglara mi situación. Si mi propia hija no quiso ayudarme pensé en vender mis alhajas.

Contacté a una persona que se había ganado mi confianza desde el *kinder*, pero me defraudó. Así que Raquel Cabezas te llegará el karma.

Fue entonces cuando comprendí lo que duele físicamente que no te quieran ni te respeten.

Yo hablaba con mi hijo y le decía: "Entonces mi príncipe azul, donde quiera que estés tú, abrázame fuerte."

Los médicos se quedaron boquiabiertos pero se notaba su interés en seguir mi caso. Hasta que salió el tema de que debido a la pandemia, me quedé sin pacientes y sin congresos. Mis dos hijas seguían sus estudios en el extranjero, mi hijo Ramón murió a los seis meses, de alguna manera sabía que era mi ángel y *Fregoncio Contreras Malacara*[2] estaba trabajando en Apodaca, NL. Y unos meses después le llegó su cambio a Zacatecas. Todos separados en un mundo que estaba sufriendo una amenaza de muerte por un virus del que poco se sabía pero fuimos testigos de su agresividad inmunda, es como si estuviéramos viviendo la época de la purga. El mundo se empezó a descomponer y nos volvimos adolescentes irresponsables al buscar el amor por internet, relaciones sin compromiso y sexo casual. Total el mundo ya estaba agonizando.

---

2. El nombre que le puso mi queridísima prima Susy al papá de mis hijos. Gral. Brigadier MC Retirado. David Revilla. Psicópata Narcisista.

Fregoncio llegó al hospital cerca de las siete de la noche. Casi trece horas después de que le ordenó el comandante de la zona militar que viniera a cumplir con los cuidados de esposo.

De Zacatecas a Ciudad de México son siete horas a velocidad promedio. No me pude quitar de la cabeza lo que mi corazón ya sabía, estaba segura que pasó con sus hermanos a planear mi velorio. Al fin que los tres hermanos mayores ya eran viudos ¿qué mas daba ser el cuarto?. Mis concuñas murieron de cáncer. Sería casualidad o causalidad al convivir con puro *Macho Man*.

Por supuesto que no quise verlo y fingí que dormía mientras el residente le daba novedades sobre mi estado de salud.

Escuché que después de pasarme cuatro paquetes de plaquetas me iban a meter al quirófano porque los estudios habían reflejado una úlcera gástrica y tenía sangrado interno, tomarían biopsia para descartar algunas células malignas

Pasé una noche de pesadilla, cada media hora venía una enfermera a tomar mis signos, temperatura, oxigenación, presión arterial y checaba cuánto faltaba para cambiar el paquete de suero. Estaba tan delgadita que mis venas se ponchaban a cada rato. Por eso optaron por ponerme otro catéter y así también facilitar los estudios de sangre que quedaban pendientes por hacerme.

Cada hora aproximadamente les pedía me acercaran el cómodo para orinar pero más de una vez se olvidaron de mí y sentía como se enterraba ese artefacto de hule rígido en mis huesos.

En la madrugada encendí mi celular para revisar si me había llegado algún mensaje de mis hijas, pero esperé en vano.

Después de que me revisó el ortopedista me percaté que no sentía nada del ombligo hasta mis pies. Serían los días que había permanecido acostada o lamentablemente ya no caminaría nunca. El doctor me explicó que por la desnutrición severa, la mielina se había desintegrado y que tardaría mucho en regenerarse, quizá un par de años.

Empezaron a inyectarme diariamente Beyodecta Tri, me advirtieron que era muy dolorosa pero la verdad yo no sentía nada. Después se fue espaciando el tiempo entre las inyecciones y hoy yo sola me pico en la nalga los primeros días del mes.

Me prepararon para llevarme al quirófano cuando mi hemoglobina ya estaba casi restaurada y justo en ese momento llegó *Fregoncio* a medio día, y me preguntó: "¿Cómo estás?" y de manera irónica le respondí "Pues aquí tratando de estar bien." "Qué bueno, me da gusto por ti."

¡Pasumecha! Me dieron ganas de gritarle tantas palabrotas pero simplemente pensé que estaba frente a un coronel frustrado y emocionalmente incapaz de sentir empatía.

Cuando me estaban anestesiando y acercaron una mascarilla a mi boca y nariz inhalé profundamente y quise imaginar un mar bravío como el asturiano. Los cromosomas se asoman sutil e innegablemente.

–Laura... ¡Laura! Ya terminamos el procedimiento pusimos gas argón líquido para pegar la herida.

Yo ya sabía que después del efecto de la anestesia me iba a doler como una cesárea. Al regresar a la sala de terapia, el *Fregos* estaba sentado con la pierna derecha cruzada sobre la rodilla izquierda y escribiendo –como hámster en su rueda– súper rápido en su celular. Lo primero que me dijo fue "Las niñas te mandan saludos y ya les dije que todo está bien y que no es nada grave. En un rato me tengo que ir porque tengo una comida de negocios si termina temprano vengo a darte una vuelta o sino mañana. Por cierto pedí mis vacaciones para estar contigo y ojalá te quieras venir conmigo a Zacatecas para... bueno es porque me lo ordenaron".

–Mira, si es a huevo por mí no hay problema, yo estoy bien aquí, pero gracias. ¡Gracias por ser tan cobarde!

Finalmente el coronel firmó mi alta comprometiéndose a cuidar de mi persona. Salí en silla de ruedas , agotada y desubicada. Con muchas ganas de un baño caliente debajo de mi regadera, porque las enfermeras me bañaban cada tercer día con esponja. Lo más parecido a un piropo de un narcisista es decir algo que te haga sentir inferior a él "Estás plana por delante y por detrás".

–Efectivamente soy tan feliz como una lombriz.

En las dos semanas que pidió de vacaciones a parte de darse cuenta que yo era incapaz de valerme por mí misma, me humillaba y no dejaba de chatear ni un segundo. Se inventaba reuniones de trabajo y comidas de negocios. Cada que tenía oportunidad me gritaba y me repetía que ya no le servía como mujer y que tampoco me deseaba. Y además no podía atenderlo como esposa, ni hacerle de comer. Y lo peor era que también tenía que buscar en todas las farmacias de la ciudad los medicamentos que me recetaron en el hospital porque había desabasto.

Pasé mi cumpleaños en casa y por *Whats* invité a Héctor y a algunas vecinas a partir un pastelito.

¡Cómo se quejaba del dinero que estaba gastado en mí!

Al final cuando ya tenía que regresar a Zacatecas le dije que si aceptaba irme con él. Yo solo pensé toda la noche que por lo menos comería mejor que antes de llegar a urgencias.

Nos fuimos a principios de junio y me dijo:

–Desayunamos ligero un café y un pan tostado y en el camino pasamos por barbacoa, ¿te parece?

–Uff qué *deli*.

Como a las tres horas de manejar le pregunté si faltaba mucho para comer y solo dijo:

–Ups, ya nos pasamos, llegando a Zacatecas cenamos.

Cerré los ojos y me dije "¡La cagué!" dormí casi todo el camino y cuando llegamos lo primero que hice fue ir al baño pero la silla de ruedas se quedó atorada entre el vestidor y el baño principal y ese detalle hizo estallar en furia al demonio porque además tuvo que dar mil vueltas entre el coche y el departamento de la zona militar habitacional para acomodar toda lo que llevaba, obviamente la transportadora de *Teeba*, su arenero, la camita de *London*, mis maletas de ropa y libros y por supuesto mis cosméticos. –¡Primero muerta que sencilla!–.

–Aquí en frente venden unos tacos muy sabrosos ¿cuántos quieres?

–Dos de pastor y uno de costilla, por fa.

Salió y regresó rapidísimo –Está cerrado–

–¿Qué tienes aquí para matar el hambre?

–Nada.

–Bueno pues solo regálame agua para tomar mis pastillas, por favor.

–¡No, esto está de la chingada! Voy al *Mc Donald's*.

–Sale. Te encargo una cajita feliz.

A día siguiente se tenía que presentar a trabajar en el Hospital Militar de Guadalupe, Zacatecas.

Tardamos en conseguir a alguien que me pudiera ayudar a bañar y limpiar la casa.

Él me dejaba plátanos y galletas para desayunar y por la tarde preparaba algo para comer, pero tenía que ser lo que a él le gustaba sino se enojaba mucho. El menú siempre fue atún, tilapia o salmón medio crudos, muchas verduras cocidas, casi desechas y arroz rojo con zanahorias y chícharos. ¡Pobres *les petit poi*! los terminé odiando. Cómo se me antojaba la carne, las hamburguesas o unos fideos con menudencias.

No le gustaba recorrer las cortinas, yo me sentía prisionera y una vez me dejó dinero para comprar un garrafón de agua y estuve al pendiente cuando gritaran "¡Agua!", abrí la puerta y en eso coincidí con una vecina, nos presentamos y me dijo que pensaban que mi esposo era viudo porque había llegado sin esposa.

Poco a poco fui conociendo a más vecinas, me invitaban a salir con ellas a desayunos, a conocer el centro y a tomar un café en sus casas. Por primera vez en muchos meses me sentí incluida en una tribu.

Al poco tiempo empecé a ir a las reuniones del voluntariado y conocí por fin a la esposa del comandante de zona, en un desayuno donde celebramos su cumpleaños. Me la pasé tan contenta que canté en el karaoke "Acaríciame" de María Conchita Alonso.

Fue muy amable y amigable conmigo y nos hicimos inseparables en cuanto supo que me dedicaba a la Tanatología, me invitó a dar una serie de pláticas y después hasta en el hospital tuve la invitación para exponer frente al personal de la salud y también empecé a trabajar como terapeuta, pero el vampiro emocional se molestó mucho por haber traspasado la frontera de su hospital, el castigo fue que se arreglaba y se iba a pasear porque también tenía derecho al esparcimiento.

Un día me pidió la esposa del general si podía darle terapia a su hija y le dije que con gusto.

En ocasiones me despertaba a las dos o tres de la madrugada porque necesitaba hablar y desahogarse. La verdad cumplí como siempre, toda una profesional y nunca cobré ni un centavo.

Ella quedó muy agradecida y desde ese momento me empezaron a llevar desayuno, comida y colación del cuartel.

De igual forma también me empezaron a dar mis primeras rehabilitaciones en el hospital y Perlita, la responsable del área se quedó paralizada al ver mis piernas llenas de moretones y me dijo que me revisaría la espalda.

–¿Mi coronel le pega?

–Sí, casi todos los días.

–¿Me deja hacer por escrito lo que ví y pasar el oficio al director?

–Por supuesto y gracias por su sororidad.

Debo mencionar que no tomaron medidas ante la constancia de violencia. Pero nada es para siempre y *Fregoncio* tenía que firmar por tercera vez su trámite de baja o jubilación en CDMX.

Así que me aboqué en la psicología inversa y le sembré la idea de que lo mejor era regresarme con él, mientras se hacía la mudanza y así yo no le iba a estorbar cuando empacara todo. De todas formas él ya había decidido que todo el menaje iría a la casa que había construido junto a la de sus hermanos en un gran terrero ubicado en Comonfort, Gto. Jamás me consultó si estaba de acuerdo en vivir allí hasta viejitos, ¡vamos, ni conozco la casa!.

Después de todo era su dinero. Esto se considera violencia patrimonial. Comprar, gastar en regalos como un coche, invertir en divisas o en la construcción de un bar sin haber sido consensuado en pareja.

Llegamos a casa y me sentí en paz al principio pero después todo empeoró porque *Fregos* cambió de parecer a medida que se iba a sus juntas de negocios. Recuerdo que lo habían invitado a dar una plática en línea y lo hizo desde el comedor de la casa, yo escuchaba desde mi recámara y la verdad es que siempre dice lo mismo, el refrito del refrito y todo es *copy-paste* o dicho de otra forma, plagio. En una de esas pronunció mal el nombre de uno de los novelistas y dramaturgo actuales "Pablo Cogelo" (Paulo Cohelo) todos se rieron y yo con ellos. Entonces fue que me dijo que me regresara de nuevo con él y yo me negué rotundamente.

"Pues por burlarte de mí, voy a hacer uso de ti ahora mismo" y me violó despiadadamente con todo el odio y la fuerza que tuvo. Después me golpeó sin misericordia, dándome patadas, torciéndome los brazos y al final tomó su arma y me dió con ella por todos lados y con la cacha de su revólver destruyó mi lagrimal del ojo izquierdo gritándome que yo era un estorbo y que sus putas estaban más buenas que yo. Traté de defenderme y en ese momento también supe que mis brazos habían perdido algo de milelina. Yo grité lo más fuerte que pude pero nadie acudió a tratar de ayudarme.

Se fue furioso y yo me quedé destrozada pero libre y en paz, en el suelo y con la silla volteada. No recuerdo cuánto tiempo pasó, pero Héctor volvió a rescatarme. Él es el único que tiene llaves de la casa porque me ayudaba con el aseo y las mascotas. Desde ese día viene diario por las mañanas y tarde-noche a darme una vuelta y platicar conmigo. El escuchó mis gritos pero dijo que no podía hacer nada por tratarse de una propiedad privada. Hoy sé que puedes llamar a la patrulla. Y además cambié de chapa por una más segura.

Tomé la decisión de demandarlo por las vías civil, penal y por la CNDH. A pesar de la recomendación de los derechos humanos y de recibir en la Sedena, las acusaciones y las fotos de los golpes, no hicieron nada al respecto. Tenemos un ejército que habla del honor de la familia pero aprueban la doble vida y la corrupción. Fregocio hizo negocios millonarios y obvio repartió por todos lados. Así que le deben favores.

Yo sigo en proceso entre la fiscalía y la Comisión de Ayuda a Víctimas de Violencia. Pero no es secreto que la ley es hecha por hombres y para hombres. México es un Afganistán dos. El *narci* tiene poder económico y les llegó al precio a mis primeros abogados y también a mis defensoras de oficio.

Quiero que mi existencia deje un legado para las mujeres que no pudieron defenderse de las atrocidades que han sufrido. Cada día mueren en México cientos de mujeres por feminicidio mientras que la mayoría de sobrevivientes prefieren callar principalmente por miedo e impotencia. Hacía tantos años que había dejado de ser prioridad para pasar al olvido. Reconozco que hace más de treinta años dejé e admirar al hombre que elegí para formar una familia.

La traición no se perdona, al contrario se queda como un tatuaje para recordarte que no fuiste ni serás suficiente porque le pega duro al autoestima y aún así puedo asegurar que aunque trates de procesar y gestionar tu pérdida con ayuda profesional siempre habrá una traición o infidelidad que te romperá irremediablemente.

Hablando con mi niña interior le he confesado que no me casé enamorada ni mucho menos ilusionada ¡imagínate que mi suegra y mi cuñada fueron vestidas de blanco, qué feo!, se supone que la única que va de blanco es la novia para que luzca. Jamás olvidaré que yendo del brazo de mi padre hacia el altar me preguntó si de verdad quería casarme y yo le dije "ya di mi palabra". Mi *páp* siempre lo supo pero me respetó.

Mi querida *Lalita*, yo Laura quería huir del infierno que había construido una mujer-demonio motivada por el interés, la conveniencia, el estatus y la comodidad a través de la manipulación al sembrarnos la semilla de la culpa de su miserable infancia. Crecí sin conocer el amor materno desinteresado e incondicional, por eso yo te abrazo con toda mi ternura mi *Lalita* y te prometo cuidarte y protegerte hasta el último aliento de vida.

CAPÍTULO 2

Enfrentando los fantasmas
de mis miedos

Madame Curie murió negando que
sus heridas tenían el mismo poder.

Recuerdo que mi máximo miedo desde niña era la oscuridad por eso mi nana Margarita dejaba encendida una lucecita de mi lamparita de buró desde mi recámara rococó, color blanca con manijas doradas, que lograba alumbrar parte del pasillo que comunicaba con las escaleras y así viendo hacia ese lado derecho dormitaba hasta que se escuchaban los pasos firmes de mi *páp* llegando del trabajo apresurado para darme un beso en la frente y nariz de buenas noches.

Muchas veces lo acompañaba a cenar mientras platicábamos de mi día en el *kinder* y también de su trabajo.

Me servían leche tibia en un tazón de *Hello Kitty* mientras yo sumergía galletas de animalitos y jugaba a pescarlos. Él, en cambio, degustaba sus tres tiempos: sopa, guisado y postre con agua de frutas y después, café lechero. Con ese acorde se marcaba el gesto mágico de la cucharita de azúcar sobre mi tazón, la cual tenía el efecto inmediato de hacerme dormir en mi silla alta de madera para que después *páp* me cargara hasta mi cama y se despidiera con un "Buenas noches cariño…" pero sí o sí nuestro ritual debía terminar con una historia fantástica o cultural.

–¿Te sabes la leyenda de los trescientos de Buda?

–No, ¿qué le pasó a Buda?

–En 1680's, pesos más, pesos menos, un ejército español de 300 soldados peleó contra Buda en las murallas de Budapest contra el ejército otomano y ganaron la batalla con valentía.

–Wow, yo también quiero aprender a pelear y defenderme.

–Bueno *Lalita*, hay muchos tipos de batallas que no necesariamente implican sangre. Hay palabras, miradas o silencios que fulminan.

Cuando desperté con el sonido ensordecedor de mi alarma roja de manecillas, yo ya estaba en primaria y tenía que correr para alcanzar a guardar mis libros en mi mochila junto con mi estuche de *The Little Tween Stars*, desayunar más a fuerza que con hambre a las cinco y veinte de la mañana, lavarme la boca y esperar al *bus* amarillo del *cole* antes de las seis. No podía soportar tomarme mi vaso de leche y en seguida mi jugo de naranja, la pura combinación me daba náuseas así que encontré la forma ideal de desaparecer mi suculento desayuno en el lavabo del baño de visitas, hasta que un día una mano castigadora se quedó marcada sobre mi cara como advertencia de no volver a cometer tal rebeldía. Se trataba de la mano pesada de esa mujer que llegó a enseñarme mi nuevo lugar y hasta dónde llegar dentro de mi casa.

Tomé mi *lunch* y al acercarme para despedirme de beso de aquella bruja, me detuvo con voz de mando diciéndome: "No te acerques porque me vas a despeinar".

La *witch* no llegó sola, en poco tiempo hasta tuve una hermana nueve años más grande que yo, y por un tiempo jugamos a la familia que nadie sabe y nadie supo que siempre fuimos como *roomies* y cuando discutían cada adulto abrazaba a su respectiva hija y hacíamos la ley del hielo hasta que mi *páp* cambiara la cocina, comprara un nuevo coche, pagara un viaje remoto o un departamento de lujo.

Desde que aprendí a leer me refugié en mis libros, el estudio, mi piano, el flamenco y mi sueño principal formar una familia. Fui una combinación entre *Mafalda* por idealista y *Susanita* por maternal.

La felicidad volvía cuando la *witch* se iba por largo tiempo de viaje, mi hermana en la universidad y el binomio *páp-Lalita* podían reír hasta llorar de las muchas ocurrencias que nos inventábamos.

Empezaron las fiestas de quince años y fue así como conocí a *Fregoncio,* siendo cadete de la Escuela Médico Militar. Pero qué quieres que te cuente cuando tú ya sabes la historia. Me salí del infierno solo para cambiar de diablo.

Querida niña mía, te pido perdón porque a pesar de las banderas rojas brinqué del acantilado y apagué mi flama para que los demás brillaran.

Vinieron los hijos y con ellos un mundo de detalles, guardé mis sueños en un cajón y decidí entregarme con todo mi potencial de amor, ternura, dedicación y devoción a mi familia. Tuve tres embarazos de alto riesgo que culminaron en cesárea y estuve en reposo todas las gestaciones. Se alimentaron de mi pecho, las papillas eran caseras y todas las noches les conté historias.

Fui presidenta de la Sociedad de Padres de Familia, les cosí disfraces, cada cumpleaños fue fantástico y muy planeado. Decoraba la casa según la época de *Halloween* o Navidad pero sobre todas la cosas, respeté sus elecciones y traté de forjar seres humanos libres, responsables y creativos.

Si por casualidad algún día me leen, recuerden que la piedra filosofal del ser humano está en la cantidad de momentos de felicidad que puedan alcanzar.

Ramón se nos adelantó y no alcanzó a salir en la fotos familiares de los excitantes viajes que hicimos.[3] Pero estoy segura que todos los que se adelantan al otro plano siguen viviendo mientras sean recordados.

Hoy que me encuentro vacía, declaro que el sentido de vida es una puerta que se abre hacia afuera porque la soledad es muy dura. Somos seres sociales desde siempre, desde el inconsciente colectivo. Todos tenemos algo del neardental,

---

3. Viajes, ropa y diversiones pagados por mi, cuando trabajé en la Universidad de York, UK. Como maestra de español para negocios y política social latinoamericana. Al principio mi páp se ofreció a cubrir los gastos de mis estudios pero al poco tiempo como ya era staff en la uni yo sola me hice cargo lo cual hizo sentir muy orgulloso a mi ahora Ángel y protector.

lo podemos ver en la forma en que manejan viendo el celular para chatear.[4]

Errar es de humanos pero eso no justifica borrarme de sus vidas. Mamá no tomó clases sobre cómo dirigir a una familia pero lo hice con intención y mérito por elegir siempre su bienestar, incluso antes del mío.

En todas las etapas y en todos los contrastes, la historia es de quien la cuenta. Y es sin duda una condición inalienable que los problemas de papá y mamá se queden solo en esa ecuación. Porque solo viendo desde perspectivas diferentes nos podríamos acercar al origen de lo que calificamos como fallas, y entonces quizá poder dar una opinión pero nunca un señalamiento envenenado con ignorancia, maldad, dolor y olvido.

"Solo las ollas saben el hervor de sus caldos".[5]

Hace algunos años estaba preparando mi celebración por mi cumpleaños en casa porque mi hija Laura Cristina, por ser intolerante al gluten, no quiso ir a comer a ningún restaurante. A pesar de que mi elección había sido comida japonesa en el *Suntory* no hubo *quorum* que me apoyara, después de todo, solo era mi evento.[6]

Así que decidí preparar algo rápido para no dejar pasar el día más importante de mi vida, sin pastel por supuesto para no hacer sentir mal a mi hija que no podía comer harina

---

4. *Lalita* frase.

5. *Nacha, Como agua para chocolate.* Laura Esquivel.

6. Qué rápido se olvidaron de lo especiales que les hacía sus cumpleaños.

de trigo. Así que en la mesa de centro de la sala coloqué una charola de madera con jamón, chorizo, quesos, nueces y uvas. También había aceitunas con anchoas, dátiles envueltos en jamón ibérico, una tortilla española y tostadas sin gluten. Para el postre –sin velas para pedir un deseo– elegí melocotones en almíbar asturianos y quesos maduros bañados con listones de miel. El maridaje fue vino rojo de la región de Cantabria y una botella de *Moët* rosa que en especial a mí me sabe a besos robados.

Creo firmemente que una de las cualidades de la inteligencia es la adaptación ante cualquier evento familiar, social y laboral. No puedes exigir que cambien un menú, los horarios ni las reglas en un mundo que no se detiene.

Por mucho tiempo viví con culpa al verte sufrir hija, pero hoy entiendo que cada quien tiene su mapa cromosómico e incluso sentimientos no procesados que nos pueden enfermar.

Yo me amo cada día porque soy más que mi Crohn y mi Insuficiencia Cardiaca. Lo único que pasó es que sé formarme en la fila de los crónicos con una elegante actitud.

Dieron la cinco de la tarde y tuve que acercarme a las recámaras para pedirles que nos reuniéramos en la sala para festejar mi *cumple*. Laura y Sarah me gritaron "Ahí voy, solo termino algo de la universidad". Pero cuando entré a buscar a *Fregoncio* al cuarto principal lo ví masturbándose frente a su celular en una videollamada. Fue asqueroso y profundamente denigrante. ¡Qué involución de una inmadurez por la crisis de la edad!

Por supuesto que salí echa un toro y me dirigí a la cocina para tratar de calmar mi coraje pero cuando ví que en fregadero dos vasos de vidrio sin lavar, se me dibujó en la frente la frase "ahí que los lave la del *cumple*" después de todo era mi rol en el hogar.

Tomé los vasos y los aventé con fuerza al piso de la cocina y en dos segundos llegó *Fregoncio* a sostenerme de la muñecas para evitar que le diera una cachetada. Mis hijas salieron de inmediato y levantando la voz dijeron:

–¿Qué pasa?

–¡Su madre que se volvió loca!

Y en menos de lo que lo cuento empezaron a golpearme con patadas y puñetazos hasta romperme los labios y tirarme al suelo. Recuerdo que también me insultaron y adopté la forma de feto como buscando protección y cerré mis ojos repitiendo –esto no me está pasando, es solo una pesadilla– Se activó la negación activa como mecanismo de defensa ante una situación de riesgo o peligro.

Oí que abrieron la puerta y se fueron a comer a algún lugar y quizá también al cine.

Como pude y sosteniéndome de los muebles de la sala me incorporé y me senté a llorar de la impotencia y al limpiar mi cara húmeda por las lágrimas ví que mis manos se llenaron de sangre. Fue ahí donde salió de mi boca

–¡Hasta aquí aguanto!

Tomé mi bolsa pero antes acaricié a *London* y a *Teeba* que no dejaban de temblar y les dije en un rato nos vemos, tengo algo que hacer.

Encendí mi camioneta, la cual yo no elegí, ni mucho menos el color, y me fui directamente con el jefe de *Fregoncio*, porque a pesar de que estaba trabajando en Apodaca tuvo que venir CDMX por una reunión de trabajo, porque todo es central.

En cuanto llegué me preguntó el soldado de turno qué se me ofrecía y le dije contundentemente que necesitaba ver al Director General de Sanidad, se comunicó por teléfono a la extensión correspondiente y antes de que tomara asiento ya habían mandado por mí para conducirme a su oficina.

–Doctora, ¿qué le pasó, la asaltaron?

Como pude le narré los hechos pero omití a mis hijas, tuve el impulso de protegerlas o tal vez fue la vergüenza de admitir que había perdido el respeto de mis propias crías.

El General me escuchó compasivamente y pidió que me limpiaran la sangre con gasas y alcohol.

–¡No puedo creerlo! hace unas semanas estuvo usted dando una plática en nuestro Congreso Anual en Oaxaca y hasta la acompañó una de sus hijas. Sin embargo Revilla empezó a comentar hace ya algo de tiempo que usted sufría de alguna enfermedad mental, con todo respeto señora usted me parece saludable y coherente si no sería imposible que se presentara delante de un auditorio a exponer o incluso a dar consultas.

–Agradezco sus palabras pero si gusta le marco al doctor López Garza, quien ha sido mi mentor y maestro durante muchos años para que le mande un certificado médico.

–Eso no es necesario, también fue maestro mío en la materia de psiquiatría. Señora no le conviene divorciarse porque perdería el servicio médico de la Defensa y sus tratamientos son caros. Lo que sí le prometo es que su esposo no regresará a CDMX ni ascenderá a General mientras yo siga como su jefe. Lo que acaba de hacer va en contra del honor de la familia y es un delito grave en nuestras leyes. Mañana tiene que presentarse Revilla en Apodaca, así que descanse y cuídese mucho.

Cuando regresé a casa aún no habían llegado y sentí un alivio. Metí la comida en *tuppers* y guardé todo muy rápido. Por la adrenalina no había sentido dolor físico pero al llegar a mi recámara y tomar un baño pude ver mi reflejo amoratado en el espejo cuando lo limpié del vapor que deja el agua caliente, tomé mis pastillas de noche, mis peluditas ya estaban en mi cama esperándome, saqué la *backpack* que había traído *Fregoncio* al pasillo y cerré la puerta con seguro.

Tomé mi teléfono para apagarlo y me di cuenta que tenía un *Whats* que decía: "Te vieron en sanidad, ¿me puedes decir qué platicaste?" Y entonces apagué mi celular.

No hablé por semanas y a propósito me vestía con ropa sin mangas y faldas o vestidos para que se notaran los golpes que me habían hecho. Finalmente le había dado sentido a la frase de mi *páp* sobre el silencio fulminante.

No tardó mucho la campaña de difamación de *Fregoncio* y les vendió la idea a mis hijas, a sus hermanos y amigos entrañables de que mi venganza, al acusarlo, hizo que por mi culpa yo le perjudicara su carrera militar. Y como buen argumento barato se lo compraron.

Al poco tiempo Sarah se fue a Victoria, Canadá a estudiar su segunda maestría y Laura con su papá a N.L. para prepararse y buscar beca para estudiar en Alemania. No lo pudo conseguir pero sí se fue, así que le estamos pagando su vida en Europa. Aunque no me hallan tomado en cuenta. ¡Gracias por lo que me toca!

Entones enfrenté mis temores, la soledad, el hambre, el frío, perder el equilibrio, mi marcha era casi nula y la oscuridad total cuando se iba la luz, la ignorancia en fechas como mi cumpleaños, el día de las madres y Navidad e incluso mi salud. Ni en los temblores me buscaron para preguntar cómo estaba.

Dejé de ser parte de ellos y me sacaron de su vida y de sus planes. Me bloquearon de las redes sociales y los correos electrónicos que les escribí jamás fueron respondidos.

CAPÍTULO 3
LA ESPERA DE UNA VOZ
AMIGA CON EMPATÍA

Jamás me hiciste sentir sólida ni constante.
Rosario Castellanos.

Cada siete o diez años el ser humano pasa por una crisis existencial. Y te empiezas a cuestionar lo que has hecho con tu vida o si sigues siendo joven, bello/a o atractivo/a. Analizas tus logros, tus aciertos o desaciertos. Si tuviste hijos, plantaste un árbol o escribiste un libro.

Yo le perdoné a *Fregoncio* las crisis de los veintes, treintas, cuarentas, cincuentas y los sesentas.

Sí, fui muy terca. Seguí luchando por tener una familia contenida pero me equivoqué con todas sus letras en negritas y enmarcadas por luz neón. Reconozco que me faltó valor y audacia porque tenía miedo de empezar de nuevo, no era fácil conseguir trabajo, amén de que no tenía apoyo de mi casa de soltera. Esa ya no era mi casa desde que *páp* murió.

Acabábamos de llegar de Reino Unido donde tuvimos una buena vida en muchos aspectos. Se dice que un año en el extranjero equivale a dos o tres años de cultura y aprendizaje, te imaginas lo que representaron cinco años y sobre todo en mi desarrollo personal. Debo decirte que los viajes ilustran a los ilustrados, hay que conocer los mercados locales, el cementerio, los templos o iglesias, probar de todo y en especial apreciar el arte y la belleza natural, respetar las costumbres y ritos de cada lugar que visites. Ser en extremo curioso y observador.

Llegué como ama de casa y terminé como especialista en historia medieval, renacimiento y humanidades. También me ofrecieron ser maestra de español para negocios en el centro de idiomas y de política social latinoamericana en la Universidad de York. Martes y jueves trabajaba como voluntaria en un museo hermoso, *The Treasures House* donde conocí personas maravillosas jubiladas que me integraron de inmediato al *staff* del *National Trust* del Reino Unido, creado en 1895. Fundación para lugares de interés histórico o belleza natural.

La parte académica-profesional la tomo como haberme ganado el *Melate*. Sin embargo, venía procesando el dolor de perder a mi hijo, a mi *páp*, las traiciones del *narci* y si eso hubiera sido poco, todo el menaje de mi casa de México se lo encargué a mis suegros y me lo robaron. Simplemente no estaba en mi mejor momento para empezar a buscar trabajo con dos hijas que aún dependían mucho de mis cuidados y educación.

Y así fue, desde que *páp* trascendió el *Fregos* empezó a involucionar, se descaró tanto que ya no guardaba las apariencias, es decir, cero prudencia ni pudor. Se volvió vulgar, egocéntrico, soberbio, promiscuo, manipulador, nada empático, *bossy*, sarcástico y al mismo tiempo, fuera de casa, encantador, amable, caballeroso y empezó a invertir en ropa cara y trajes a la medida. Pagaba fortunas en restaurantes y bebidas. Es decir, todas las señales que hoy conocemos como trastorno de personalidad narcisista. Estos personajes necesitan de suministros ya sean sexuales, comentarios aduladores, poder económico, líderes con buenas relaciones laborales, gente con carisma y brillo propio. Pero sobre todo, que validen su excelsa existencia. *Pollicino* mide un metro con sesenta y tres centímetros. Es el típico *chaparri*, narigo nalgoncito, gordito, cachetón y de brazos cortos. Y mis primos siempre me preguntaron: "¿Por qué te casaste con eso?"

–Porque el amor es ciego, muy ciego.

En un principio me aplicó el *lovebombing*, hasta que me supo conquistar. Me escuchaba con aparente interés y me brindó protección. Pero ya que consiguió modelarme como su mejor aliada, usó todos mis miedos y debilidades como un arsenal letal a través de la triangulación con actitudes como decirme mira, ella es Sandra y es mi compañera de maestría es tan bonita que la voy a invitar a tomar un café. En ocasiones en la sobremesa y delante de mis hijas nos platicaba de sus compañeras del trabajo fuera del ejército que tuvo en la Secretaría de Salud con frases tales como que el martes pasado, Sara Fonseca traía una blusa con un escote tan pronunciado que hasta me excitó. Mis hijas solo decían: "¡Guácala papá!".

De pronto en las reuniones familiares o de amigos cercanos sacaba sus chistes sexistas y misóginos. Varias veces me decía –a ver cuándo vuelves a invitar a tus amigas, yo sí me las echo–. Incluso me llegó a pedir para sus cumpleaños hacer un trío y luego *swingers*. Todo el día veía porno. Se manifestaron el onanismo y las adicciones exageradas.

Obvio que yo me molestaba mucho y él se daba cuenta de mi sufrimiento. En ese momento yo no sabía que mi tristeza, coraje, desilusión e impotencia lo alimentaban en su ego y para "hacer las paces" al otro día llegaba con un detalle como flores, un chocolate o algo que le vendían en el trabajo como joyería, de imitación por supuesto. Para mí nunca hubo dinero y viví de promesas que nunca cumplió. Me consolaba diciendo que algún día me llevaría de compras a *boutiques* exclusivas y hasta me compraría un anillo de compromiso y una camioneta, la que yo quisiera y una casa linda. Pero todo a cambio de seguirlo apoyando a ser promovido laboral y socialmente –Yo quiero ser General y voy a hacer lo que tenga que hacer para lograrlo–. Recuerdo una millonaria compra de collares de perlas de Majorica para regalar, pero para mí no le alcanzó.

Al poco tiempo de mis diagnósticos de Crohn e Insuficiencia Cardiaca empezó la etapa del desprestigio total de mi persona y corrió la voz acerca de que sufría de personalidad limítrofe y que él pensaba mucho por mi posible encame en psiquiatría, "¿Qué será de mis hijas?" decía el pobre para victimizarse.

Mis hijas nunca estuvieron conmigo en mis tratamientos, argumentaban tener mucha tarea a pesar de que los tratamientos, el hierro o las transfusiones fueron en sábado. El *Fregos* iba por ratitos a verme porque se la pasaba platicando con las enfermeras y les llevaba cafés sabor *caramel macciato* por el placer de recibir elogios como "Ay mi coronel, es usted un *amorsh*" pero a mí nunca me tocó café. En ocasiones también platicaba con algunos de sus compañeros médicos que sí habían elegido hacer una especialidad clínica. El optó por la administración de hospitales, "*business are business*". El ejército lo becó para especializarse en Economía de la Salud en York. Sin embargo, no obtuvo el grado por mayoría de los académicos en su presentación de oral o viva voz, *Viva*, en latín.

Finalmente en el gabinete de quimio aprendí a abrazarme yo sola. Sí leíste bien, quimio. Yo empecé con un tratamiento para mi enfermedad intestinal donde te pasaban medicamentos para reducir el riego de paro respiratorio durante hora y media más o menos y luego llegaban las enfermeras a conectarte la bomba de venenos que iba a recorrer por todas las venas por cinco o seis horas.

Ese era el momento mágico cuando abrían la puerta y dejaban entrar a tu acompañante para que te abrazara, te bendijera y repitiera –ésta es la buena– Yo aprendí a auto abrazarme.

Más de una vez me tuvieron que poner oxígeno y cerrar la vía un rato en lo que me recuperaba y después seguir hasta que enjuagaran las venas. Yo salía textual *pa'l rastro*.

Actualmente mi tratamiento es un chute de biológicos cada catorce días y orgullosamente yo me lo inyecto en mi pancita.

¡Soy *Lalita Rambo*! Obvio que te sientes del nabo un par de días, ya sabes el merequetengue de las náuseas, dolor en cada hueso y mucho cansancio.[7]

Todo el maltrato y la violencia psico emocional e intrafamiliar culminó en que mi terapeuta comprobara un diagnóstico para mí: Síndrome de Estrés Postraumático. Y con toda certeza te digo que esto no es sinónimo de locura.

En otras palabras mi autoestima, mi lugar en la familia, la constante devaluación con frases como "Mamá no se merece una camioneta nueva", "No eres buena como Tanatóloga, aunque hayas estudiado mucho, aún te falta", "No tienes nalgas", "Ya no estás cocinando como antes", "El aseo de la casa no estuvo bien hoy", "Mira, te alaciaste como perro afgano", "*Híjole* se me olvidó que te había invitado a cenar", "Estoy hasta la madre de celebrarte el aniversario, cumpleaños, día de las madres", "Oye no digas que eres Tanatóloga o que estudiaste, di que eres ama de casa"

---

7. Qué fortuna que exista este tratamiento porque hace algunos ayeres te tenían que ir cortando partes de intestino que se iba muriendo. Yo he pasado por eso y ahora solo tengo cinco metros de manguera digestiva, pero como casi de todo, gracias a Dios.

"Estuvo bien tu exposición en el Congreso pero...", Esto es el famosísimo *hoovering*, donde te rompen como piñata.

La cereza del pastel fue cuando enfrenté el *gaslighting* cuando al vampiro emocional se le ocurrió negar a mi hijo en sociedad, cambió la versión de mi historia personal al grado de dudar de mí misma, de quién era, de mis logros, hasta la *witch* se convirtió en una abuelita buena.

Perdí la cuenta de las lágrimas derramadas sobre mi almohada por años y lo peor fue que cuando lograba dormir un poco el nuevo pasatiempo del *vampi* era despertarme en la madrugada con videos de chistes de Escamilla o música de los Ángeles Azules.

Te preguntarás, –¿Cómo le hice para no morir en el intento?– mi *Lalita*.

Yo empecé a desconocerme, me invalidaron hasta el extremo de sentirme invisible y más aún cuando el *Fregos* no quiso reclamar a sus padres el abuso de confianza que sufrimos, empecé con disonancia cognitiva y por obviedad en tu cerebro se desconectan la neuronas, no hay sinápsis como protección del trauma.

"Somos la memoria que tenemos y la responsabilidad que asumimos; sin memoria no existimos y
sin responsabilidad quizá no merezcamos existir"
José Saramago.

Pero, a decir verdad, una no está del todo sola porque en el momento más oscuro de tu vida se encuentra un reflejo de luz, una señal o hasta un sueño premonitorio.

Un día que recogí a mis hijas del *cole* llegó a mis manos un tríptico del la Universidad Anáhuac del Norte donde te presentaban sus diplomados de la Extensión Universitaria de Filosofía y Humanidades.

Me contacté con Martha Couttolenc para pedir informes sobre Logoterapia y Sentido de Vida. De inmediato me invitó a la primera clase y sin compromiso. Todo parecía perfecto porque el curso era una o dos veces por semana con el mismo calendario escolar y vacaciones de mis *arañas*.

En Europa aprendí a no pedir permiso más que avisar y al *narci* le pareció buena idea mientras que siempre hubiera comida tipo *gourmet* y no descuidara mi rol de mamá y esposa.

Llegué puntual a mi primera clase y Martha ya estaba en el salón para darnos la bienvenida y presentarnos a la maestra del primer módulo. De inmediato tuvimos una conexión muy especial. Al terminar las tres horas intensas sobre la tercera escuela vienesa y el método de curación a través del sentido de Viktor Frankl, yo ya estaba apuntadísima. Aún me quedaba un guardadito del dinero que me regresaron de impuestos en York. Estoy segura que contagié a Martha con mi entusiasmo, al grado de ofrecerme ser becaria y tomar el curso gratis si le ayudaba a pasar lista, cobrar y tener el material en copias para cada alumno y revisar la presentación del módulo. Así que le dije –Sale, ¿dónde le firmo?– y nos dió risa mi expresión tan oportuna.[8]

Empecé a los treinta y cinco años a especializarme en Desarrollo Humano y hoy a mis cincuenta y cinco sigo estudiando y actualizándome. Tuve la fortuna de hacer amigos entrañables en todas las instituciones donde he seguido mi aprendizaje y también me convertí en maestra y *speaker*.

Desde siempre mi pasión fue aprender de todo y de todos y ponerlo en práctica. Me reinventé como profesional y prometí jamás dejar solo al doliente porque yo sé lo que se siente estar en diferentes trincheras. Soy orgullosamente y en honor a mi *páp* y a mi hijo Logo-Tanatóloga Humanista.

Estratégicamente dividí mi tiempo entre mi hogar, mi trabajo, mis amigos, los eventos sociales con el *narci* porque en el ejército observan cómo es tu familia aunque muchos vivan una doble vida y felizmente compartía momentos de amistad profunda y cercana con mis *very best friends* con quienes reíamos hasta llorar y platicábamos libremente de nuestros *Kekes*.[9]

---

8. El sentido del humor dicharachero ha sido desde *peque* mi sello personal.

9. *Keke* es una *Lalita* muletilla, expresión o comodín para dar intensidad al un momento especial. O sea, que no lo encontrarás en la RAE... Desde niña, cuando jugaba al té con mis ositos, mi nana me hacía panqueques mini y bueno yo les llamaba *kekes*... y de ahí nació *La Hora del Keke*... que era cuando ya terminaba la tarea del *kinder*... siglo pasado...

EL *KEKE* DE LA VIDA

La vida es la oportunidad de crecer, aprender, despedirnos, agradecer y evolucionar. Estamos en este plano para ser felices y dignificar nuestra esencia, honrando a nuestros ancestros y al lugar donde pertenecemos.

No es un campo de batalla, no se gana o se pierde. Se tienen retos no castigos. No naces con buena o mala suerte. Simplemente cada quien tiene su historia personal y el éxito depende más de cómo movemos las piezas del ajedrez; es decir nuestros talentos, dones y fortalezas.

Conocerte a ti mismo y aceptarte con toda tu humanidad te hará saber, entender y amar tu propia unicidad. Solo quien es capaz de conocerse a sí mismo y haber superado sus pérdidas podrá elegir lo mejor y más conveniente para su crecimiento y trascendencia o legado.

Hay que trabajar en la construcción y evolución del maravilloso ser que somos. Un ensamble bio, psico, social, espiritual, falible, perfectible y creativo. Siete esferas en mantenimiento constante, qué gran responsabilidad tenemos como seres humanos, energéticos, intuitivos, efímeros y sentimentales.

Estamos aquí de paso coincidiendo y relacionándonos con otras almas con cuerpo material, en esa interacción se generan lazos energéticos muy especiales, que en ocasiones nos hacen perder la propia identidad al grado de solo ser y estar para esa persona. Pero no se vale creerte que es de tu posesión. En realidad nada ni nadie nos pertenece. Incluso los hijos son prestados y su misión es enseñarnos que existe el amor eterno.

El *keke* de la vida es aceptar que estamos de paso y nadie sabe cuándo se tendrá que despedir. Así de inverosímil es la existencia misma.

Y llegó el *gran finale* del psicópata narcisista, es el descarte porque ya te dejó drenada, enferma, cero sexy, sin dinero y hasta te robó alhajas y muebles. Y claro que en su laboratorio tiene muchos ratones como suministros. Es posible que hasta te halla contagiado con algún virus como el Papiloma. Ya ves que hasta en la realeza se da.

Pero esta vez el que pega al último pega dos veces y fui yo quien lo descartó con un jaque mate en forma de Ley de Seguridad para que ni se le ocurra entrar a mi casa. –¡Tómala!

La gente feliz toma decisiones y las personas mágicas con las que he coincidido me enseñaron que todo lo que necesito está dentro de mi. Como Susy y Salomón, mis primos que desde Veracruz, no me han soltado y han sido mis pilares de sabiduría y comprensión, en situaciones extremas, catárticas y sombrías. ¡Los amo!.

CAPÍTULO 4

CÓMO ENFRENTAR LA TORMENTA EMOCIONAL SIN AHOGARSE

Mirando hacia atrás, me doy cuenta de que cada vez que pensé que estaba siendo rechazado de algo bueno, en realidad estaba siendo dirigido a algo mejor.

Charles Chaplin

Inicié formalmente las demanda de lo familiar y la querella penal en octubre del 2022. Desde Zacatecas una de las amigas más cercanas que tuve me recomendó a su sobrino quien de hecho también les ayudada a ella y a su esposo con algunos temas legal-administrativos.

Así que tuvimos la oportunidad de conocernos en el estado de la república que geográficamente tiene la máxima altura sobre el nivel del mar.

Nos quedamos de ver en un café para que el *Fregos* no sospechara de mí, porque como todo *narci* desconfiaba de todo y de todos.

Aparentemente Iván González me brindó su confianza, apoyo y comprensión al verme vulnerable y golpeada.

Le comenté acerca de mis planes de regresarme a vivir al Estado de México donde teníamos nuestro domicilio principal y aclaro esto porque a los militares los cambian mucho y normalmente se viaja ligero al nuevo lugar de destino y se compra lo indispensable para vivir cómoda y modestamente, incluso también es viable si tienes hijos mayores que estén en la universidad o trabajando siempre habrá una base segura para estar.

Un día desayunando entre amigas, por cierto en un ex convento remodelado para eventos sociales y con un cafecito lindamente decorado, yo escuchaba atentamente lo difícil que era ser hijo de militar donde estudiabas el *kinder* en Chihuahua, la primaria en Colima y la secundaria entre Tabasco y Puebla. La verdad qué dicha coincidir con señoras que entiendan tu lenguaje, tu vida llena de restricciones, reglas que debes respetar y eventos cívicos a los que hay que asistir con tu marido formalmente vestidas como de alfombra roja y ellos por supuesto uniformados.

Esta vez yo no me sentía ni ilusionada, ni motivada porque tras la sonrisa en mi rostro y mi aparente atención a lo que decían yo llevaba mi pequeño campo de concentración en mi bolsita de mano.

–Y usted señora Laura ¿qué color va a elegir para su vestido? –Suspiré y dije– Rojo pasión –mientras otra contestó– Rojo *putón* para doña Laurita y ¡además en talla cero!– Jajajaja, todas nos reímos.

Yo sabía que ese desayuno era como mi despedida y les agradezco infinitamente el haberme ayudado a cruzar el río de la violencia y la soledad al incluirme con mi silla de ruedas.

Nuestra amistad se desvaneció al enterarse de las demandas que interpuse en contra de un coronel antiguo y de más grado que los vecinos de la zona militar. Me imagino que sus esposos les prohibieron seguir hablándome.

¡Qué tristeza cuando se normalizan, la humillaciones, los golpes, las traiciones, los insultos, los desayunos con la amante, porque la esposa se quedó con los hijos en otro Estado y solo se ven en vacaciones!, enterarse de la violencia detrás de las puertas cerradas de cada departamento y no poder o querer hacer algo por ayudar. Como cuando tuve una infección muy dolorosa y tras suplicarle al *vampiro* que me llevara con el especialista, empezó a gritarme e insultarme, cargó la silla de ruedas y la aventó sobre la cama donde yo estaba acostada. Instintivamente me cubrí con el *duvet* y con mucho esfuerzo tomé la posición fetal para protegerme, después fue por la andadera y también hizo lo mismo. Se bañó, se arregló, se perfumó y se fue azotando la puerta. Regresó en la noche y yo seguía acostada ya sin la andadera ni la silla sobre mí, porque al rodarme y mover todas las cobijas resbalaron hacia un lado de la cama. Mi dolor emocional era más grande que el físico.

Fui al cine y comí un platillo típico zacatecano, asado de novia.

—Te traje una dona de chocolate, ¿te sirvo un vaso de leche?

–No gracias.

–Entonces quieres sexo con seguridad, desde el cuarto de vistas a veces te me antojas. Voy a hacer uso de ti.

No es no, casi nunca funciona tratándose del instinto del macho alfa.

Cuando el *vampiro* terminó, tuve la puntada de decirle:

–Tantas viejas que te has tirado y no eres capaz de darme un orgasmo.

De milagro no me pegó porque sabía que tenía pendiente mi última plática y todos me iban a ver.

Fíjate mi *Lalita*, se que estás chiquita pero me gustaría que supieras que desde la edad media, si tu esposo no era capaz de darte placer se consideraba causal de divorcio, claro era que tenías que demostrarlo a través de un par de testigos. Pero las cosas no han cambiado mucho al seguir aceptando la ablación. Los *rapidínes* pueden ser ricos con la persona ideal, pero en el arte de seducir no hay que olvidar que el clítoris empieza en el oído.

Tan solo me quedaban tres semanas para regresar a mi casa y aún tenía pendientes. Ya no contaba con cuidadora, al comandante le llegó su cambio a México y dejaron de consentirme con mis desayunos y comidas así que me hice amiga del *Uber Eats*. El *narci* llegaba cada vez más tarde a casa, lo cual no me sorprendía porque siempre estuvo al acecho de nuevas experiencias sexuales por eso siempre tenía condones y geles diversos en los bolsillos de sus sacos o chamarras. Y no podía faltar el *Viagra* en diferentes presentaciones. Cómo me acuerdo que la primera vez que descubrí su secreto fue por accidente al colgar unas camisas planchadas de su lado del vestidor y en seguida llamé a mis hijas para que fueran testigos de lo que escondía su adorado padre. El negó rotundamente que esa ropa fuera suya y que probablemente había habido una confusión en la tintorería. Acto seguido, los empecé a tirar a la basura con precaución de registrar cada bolsa y ¿qué crees? di con USB donde hay cientos de fotos y videos con todo su harem desde hace años. Está como para varias temporadas de *Netflix XXX*.

En mi última rehabilitación le comenté a Perlita que necesitaba programar mi estudio del Papanicolao por suge- rencia de mi ginecóloga de toda la vida para comprobar un resultado que me alteró hacía un par de años. Perlita con mucha discreción habló con la encargada de histología y me programaron la toma de muestra al siguiente día en la mañana. Me convino a la perfección porque justo después de mi estudio expondría mi última plática para los médicos y jefes de sección del hospital.

Era mediados de agosto del 2022 como a las ocho de la noche y yo seguía repasando mi exposición sobre un caso clínico de una nena que fue diagnostica con Leucemia. El temario se enfocaba en la parte humana y compasiva de cómo dar una noticia fatal, el acompañamiento tanatologico y el trabajo del duelo anticipado de los cuidadores.

En cuanto el *vampi* abrió la puerta me dijo: "Por cierto, tu estudio de mañana lo cambiaron para la tarde y te lo va hacer la enfermera que está conmigo en la oficina porque a esa hora le acomoda mejor."

Yo me quedé paralizada y aunque por dentro estaba haciendo corto circuito mi cerebro y le contesté: "Yo tengo cita en la mañana y a esa hora me lo harán. Es mi cuerpo y mi decisión", a lo que él respondió: "Tu cuerpo es mío, eres mi esposa y vas a hacer lo que yo diga".

En ese momento agregué a mi temario un anexo sobre el respeto al secreto profesional y qué consecuencias legales tiene si se difunde.

Confieso que hablar es lo mío desde que era muy chica y en mis presentaciones casi nunca leo más bien soy de imágenes, frases de personas que admiro y siempre acompañadas de música porque estratégicamente es mi método de medir el tiempo. El auditorio se llenó completamente y al final también me aplaudieron. Sigilosamente se acercó *Fregoncio* y me dijo: "Si quieres te acompaño a histología para que te hagan el estudio y de ahí nos vamos a desayunar con los directivos del hospital. Es una forma de agradecerte tu colaboración profesional ya que no se cuenta con presupuesto suficiente para comprar flores", "Pues podrías haberlas comprado tú, ¿no crees?" yo y mi modo sarcástico.

Pasé sola con una enfermera de lo más encantadora y le pedí que los resultados me los entregaran a mí.

–Claro que sí señora Laurita, somos vecinas y yo se los llevo en cuanto estén listos.

Durante el desayuno hubo muchos comentarios halagadores para todas mis presentaciones y lo útil que habían sido.

–Queríamos regalarle flores pero mi coronel dijo que a usted no le gustaban –comentó la jefa de enfermeras.

–Me encantan las flores pero prefiero verlas en mi jardín.

–¡Ah, tiene casa con jardín!

–No, pero algún día la tendré.

El *narci* solo se unió a las risas de todos.[10]

Tocaron a la puerta mientras trataba de armar mis maletas para el regreso, era mi vecina que me llevaba los resultados en un sobre cerrado y engrapado. Le invité un café mientras abría el sobre. Lo leí y se lo compartí. Señora, su secreto está en buenas manos, nos abrazamos mientras yo temblaba y ella me compartía su calor. Se confirmaba el contagio del VPH.[11]

---

10. Con el paso de los daños una se vuelve sabia y brillante para saber mentar *mothers* con diplomacia.

11. Virus del Papiloma Humano. Mi citología más reciente, septiembre del 2023 confirma la existencia de dos virus de alto riesgo para desarrollar cáncer.
Se sugiere la histerectomía en marzo del 2024.

CAPITULO 5

NO PERDÍ MI FARO

La aventura de la vida es aprender.
El objetivo de la vida es crecer.
La naturaleza de la vida es cambiar.
El desafío de la vida es superarse.
El secreto de la vida es atreverse.
La belleza de la vida es dar.
La alegría de la vida es amar.
William Ward.

Toda acción trae una reacción efectivamente. Al tomar la decisión de demandar al *psico narci* sabía que el mundo que conocía iba a cambiar. Las reacciones no se hicieron esperar y empecé a sufrir el distanciamiento de amigos no tan cercanos, familia extendida, vecinos ¡vamos! hasta de algunos de mis médicos de cabecera.

Aquí quiero hacer una pausa y honrar a quien honor merece, mi ginecóloga de muchos años, la doctora Donají Luna, quien se apiadó tanto al verme en mi condición de discapacidad que provocaron las violencias sufridas.

Me abrazó fuertemente y me pidió perdón como hija, como mujer y en nombre del ejército. Soy de poco llorar en público, pero en ese momento las dos lloramos ríos.

Hasta cierto punto era normal después de la guerra de difamación que creció como bola de nieve cuando empecé a tomar el timón de mi vida en silla de ruedas y nuestros amigos en común simplemente no supieron qué decirme al comprobar con sus propios ojos mi situación real.

Lo que más me dolió perder fueron algunos *best friends*, entiendo que para ellos era demasiada información por procesar al verme discapacitada. Eso sí que fue como un duelo. Y un poco menos doloroso pero sí significativo fue descubrir a personas hipócritas que solo se acercaban por el morbo para después tener tema de plática con el mismísimo *Fregos*. O sea, que me traicionaron.

Me volví un caracol y me encerré en mi muy particular mundo de recuerdos de la infancia y por las noches en lugar de dormir, trazaba escrupulosamente cada movimiento que necesitaba para seguir en este juego de la vida. Después de todo nuestra única responsabilidad como adultos es sortear con lo mejor que somos las pruebas de supervivencia. Saber quién eres, con qué cuentas, cuál es tu situación económica y con quién puedes abrirte para cuando ya no puedas contener tus emociones y sentimientos.

En diciembre del 2022, me tomó por sorpresa un mensaje del *vampi* donde me decía: "Ya llegó tu demanda a la Defensa, al hospital y a Sanidad. Tomaron medidas quitándome mi arma. No tengo intención de ir a molestarte a tu casa. No te preocupes".[12]

En el tablero de ajedrez, la reina combina la elegancia con la estrategia siendo a la vez una fuerza imparable de astucia y poder. Poniendo al descubierto la majestuosidad de la reina militar que hay en cada mujer y así dominar la batalla con presencia imponente y movimientos decisivos.

Mi diálogo interno y yo decidimos vender la *camio*, después de todo, yo no nací en coche y menos si ni la escogí.

Así pude administrarme e irle pagando a los abogados lo convenido, empezar formalmente con rehabilitación, hacer un ahorro, comprar medicinas y por primera vez desde casada, tener la recámara de mis sueños y una *tele* para poder ver series para entretenerme en vacaciones de invierno.

Decoré mi casa, adornando un Palo de Brasil con esferas y muñecos de peluche mini.

Mi Navidad no fue tan triste porque llegaron a mi vida nuevos amigos y entre ellos una vecina que resultó la providencia más afortunada. Maribel y yo fuimos al mismo *cole* y nos volvimos incondicionales.

---

12. Supe entonces que tenía que prepararme para la guerra, y además sola, porque tenemos instituciones endebles.

Mi amiga del corazón me recomendó ver la serie *Downton Abbey* la cual me atrapó desde la primera temporada. Imagínate filmada en los *Shires* ingleses, que por supuesto abarca a Yorkshire, ubicada entre Londres y Edinburgo, donde viví, trabajé y estudié. Hice amigos que se volvieron familia y reinventé a esta mujer anexando muchas agradables costumbres en mi vida cotidiana como tomar el té negro con un poco de leche acompañado con *mince pays* con *clotted cream* o *butter buisquits*. El *Fish & Chips* o *Shepard Pie*, la *Jacket Potato* y el *Sunday Dinner* con su *york pudding* se volvieron imprescindibles. Ir por una *pint of beer* después de clases con mis compañeros de especialidad, sin importar el frío, la nieve o la lluvia confirmó que a pesar del clima la buena compañía lo vale.

¡Cómo nos gustó York mi *Lalita*! Recorrer la ciudad medieval amurallada cada día a pie, en bici o manejando del lado derecho. Ir de visita es una cosa pero pagar impuestos o separar la basura y disfrutar de las fiestas inglesas tan *Sui Géneris* donde sin conocer a nadie te vas rotando y platicando con diferentes personas sin intimar pero siendo agradable, aunque raramente te sientas pero siempre tendrás algo de beber en tu mano.

York es la segunda ciudad inglesa, después de Londres más visitada sobretodo por pacientes terminales quienes dicen experimentar conexiones especiales con almas atormentadas que deambulan por las calles y construcciones romanas, anglosajonas, vikingas y medievales. Cuenta con la Catedral más grande del norte del Reino Unido y fue donde Constantino se coronó como César.

Había una gran comunidad de mexicanos y mi casa se convirtió en el centro de las reuniones para celebrar nuestras tradiciones. De mi cocina salieron el Pan de Muerto, la Rosca de Reyes y varios platillos tradicionales como chiles en nogada, pozole, cochinita, barbacoa y tacos.

En poco tiempo mi comunidad de amigos se hizo internacional y multicultural. Debo destacar que donde me recibieron con los brazos abiertos y amor del bueno fue en la comunidad árabe. Lo cual significa mucho para mí, ya que aunque no tuve la fortuna de conocer a mi mami, porque murió al dar a luz, tengo de ella en mi sangre el cedro libanés con su hojas perennes y por mi *páp* la tierra que Pelayo peleó para nunca ser invadida.

Desde diciembre del 2022 empecé a cobrar mi Pensión Alimenticia, la cual gané después de una audiencia con el juez del juzgado de lo familiar. Pero como nada es para siempre, al *vampiro emocional* le llegó su jubilación y por cuestiones de logística entre Hacienda y el Isssfam me retuvieron mi pensión seis meses.

–Qué bueno que contaba con un ahorro y empecé a cuidar mi economía gastando solo en lo necesario. Iván, mi abogado me comentó que no me preocupara por seguir cubriendo su pago mensual y que en cuanto liberaran mis depósitos terminara con lo firmado en el contrato[13]

Al tomar la decisión de acusar legalmente al agresor tienes alguna idea de la teoría, del escenario y de tus derechos pero nada cercano con la cruda realidad. Y me lancé como Don Quijote hacia los molinos de viento para empezar a recopilar las pruebas fehacientes, contundentes y definitivas para armar el caso médico-legal por supuesto con la narrativa de los hechos.

No podré olvidar en muchos años las horas de espera para ser atendida por el médico legista y después por el fotógrafo. El consultorio se encontraba junto a una especie de bodega donde se hallaban cuerpos inertes, esperando a pasar por la autopsia, el olor penetrante a formol y sangre hizo que se me revolviera el estómago.

Los policías entraban y salían con personas esposadas y con cadenas en los pies para ubicarlas en los separos.

Ahí dentro coexisten ladrones, asesinos, madres que buscan a sus hijos desaparecidos, violadores, personas ensangrentadas o golpeadas y lo que me encogió el alma fue ver un par de niñas llorando por haber sido abusadas sexualmente. Es un ambiente desgarrador y no vale nada tu estatus, tu físico, tu ropa de marca o tus emociones. Da igual

---

13. Todo fue una artimaña planeada con alevosía y premeditación. Después de un incidente en mi salud me percaté que había abandonado el seguimiento de la querella penal en el la fiscalía y que mi carpeta incompleta debido a la misteriosa desaparición de los reportes del médico legista, psicología y las fotos de los golpes, estaba a punto de ser archivada.

porque te van llamando según vayas llegando, aunque vayas en silla de ruedas. Aquí no hay inclusión para los discapacitados, por ejemplo no cuentan con rampas.

En marzo del 2023 empecé a sentir un cansancio y desgane extremos, y como ya me tocaban mis estudios de control fui nuevamente a Salud Digna y pedí un paquete completo de análisis de 32 elementos, densitometría, perfil tiroideo y electrocardiograma.

Recuerdo que durante el electro la doctora me preguntó:

–¿No se ha sentido agotada últimamente?

–Muchísimo, me quedo dormida en todas partes.

Recibí mis resultados por *WhatsApp* y nuevamente el miedo me envolvió. El reporte del electro indicaba un bloqueo completo de la rama derecha del corazón, con extrasístoles ventriculares, isquemia e infarto.

Nuevamente el doctor Marbán me recibió en su consultorio y leyó todos mis resultados. Contactó a su cardiólogo de confianza y me mandaron unos estudios en medicina nuclear del Hospital Militar. Me dieron cita en mayo por tratarse de un paciente recomendado y delicado.

Lo que me golpeó fue la espera de dos meses y medio sintiéndome del nabo, llenita de angustia y soledad. Cuando llegaba la noche temía no despertar al siguiente día, tal como le pasó a mi *páp*.

Fue entonces que decidí no perder mi faro: Mi padre, en las buenas, en las malas y para siempre. Honrarlo y recordarlo cada día de mi vida con toda su humanidad posible.

A pesar de la incertidumbre, empecé a recordar pasajes de mi infancia con abuelos, tíos y primos en Veracruz. Era evidente que había heredado de mi parte paterna la cardiopatía y mi gran corazón en toda la extensión del significado de tener *a very brave heart.*

Cuando estaba viviendo en York en el 2003, mi *páp* estaba planeando visitarme y compartir momentos hermosos con sus nietas, mi hijo nació y murió en el 2000, en el año del milenio, y su muerte lo afectó mucho ya que se llamaba como él y mi abuelo: Ramón. El seguía trabajando en su bufete, era doctor en derecho y le apasionaba en especial la parte de lo familiar. Cómo recuerdo que me enseñó que la primera causal del divorcio era la suegra, y nos reíamos con todas sus ocurrencias y aventuras. También trabajó en los Tribunales Colegiados y en la Suprema Corte de Justicia. Era disciplinado, analítico y muy puntual. Le apasionaba leer, la música clásica, el jazz, la ópera, la historia, viajar, la buena comida y la filantropía. Fue muy reservado y muchas veces sentado en la biblioteca de la casa se quedaba pensativo viendo el retrato de mi abuela Laura, quien al igual que mi *má,* también trascendió al darlo a luz. Mi *páp* fue el séptimo hijo, murió el día siete, del mes siete. Fue papá a los treinta y cinco años y murió a los setenta teniendo yo treinta cinco de la forma más dulce y honorable que solo un rey pudo haber tenido, en el sueño por un infarto fulminante.

Era medio día y me encontraba en casa adelantando las clases que daría en políticas cuando sonó el teléfono, era la *witch* y con frialdad me dijo: "Tu papá amaneció muerto".

Mi respuesta, como siempre fue conteniendo cualquier dejo de sentimiento, firme, directa y clara: "Tomaré el primer vuelo que encuentre aunque tenga que hacer escalas. Yo me encargo de todo", Dejé los detalles arreglados en la *uni*, a mis hijas encargadas con amigos para que auxiliaran a *Fregoncio* quien no mostró ninguna empatía ante mi pérdida.

Viajé de York a Londres en tren, luego doce horas a Atlanta donde tuve que hacer escala varias horas y de ahí llegué a Ciudad de México casi a media noche del día siguiente, nadie fue por mí y tuve que pasar a la casa de cambio para pagar un taxi.

Toqué el timbre y me abrió Federico, el mozo, quien me acompañó hasta la entrada principal. En el camino me percaté de que no había nadie de mi familia, ni flores, solo en la sala principal iluminaban el espacio unas velas blancas de los candelabros de plata sobre el piano junto a un marco con el retrato de mi *páp* recargado en una caja de madera de cedro con una cruz dorada y en la placa aún no había ninguna inscripción.

Caí sobre mis rodillas y dije con todo mi dolor: "¡Qué hicieron!"[14]

En los obituarios de los periódicos tampoco escribieron mi nombre.

Por años les he regalado mi silencio, mientras supe que vendieron obras de arte, sus carros clásicos y sus cosas personales. A pesar de cobrar cada mes una excelente pensión.

> "Me gusta quien elige con cuidado
> las palabras que no dice"
> Alda Merini, *Tus letras en mi piel*

---

14. El duelo es dolor y el dolor es duelo. No poderte despedir del cuerpo es desgarrador e imperdonable. Se que no hay un dolorímetro pero en el congreso más reciente de Felsen, noviembre del 2023, llegamos al acuerdo de que la incertidumbre es insoportablemente dolorosa.

CAPÍTULO 6
LA QUE ENTRÓ AL QUIRÓFANO MURIÓ Y LA QUE SALIÓ ES OTRA MUJER

Y dejaron de importar las respuestas a la preguntas
que tanto me atormentaban.
Y dejé de esperar lo que sabía que no llegaría.
Y los silencios se me fueron haciendo necesarios.
Y en el silencio fui encontrando muy dentro
lo que afuera tanto busqué.
Y cerré los ojos para escucharme en lugar
de gritar al viento para encontrarme.
Y ahí estaba yo completa, mía y feliz.
Matú Aranda.

La espera para mi estudio en medicina nuclear se me hizo eterna y en el *inter* me di a la tarea de consultar a varios cardiólogos y todos llegaban a lo mismo. Mi motorcito podría seguir andando con ayuda de un marca pasos. Para mitigar mi ansiedad, tejía y luego deshacía todo como Penélope la esposa del rey de Ítaca, Odiseo.

También me dió por escribir cuentos cortos, los cuales empecé a compartir con algunas personas de confianza y les empezaron a gustar. Así mis días estaban planeados pero en la profunda oscuridad de la noche mis peludas me buscaban más y se acurrucaban en mi pecho como si sintieran el impulso de cuidar a su má.

¿Qué será de ellas? –pensaba antes de dormir. Mi sueño se volvió ligero por la sensación de no despertar jamás.

¡Cómo te pienso *páp*! ¿habrás sentido el mismo vacío y soledad?

A principios de abril el *vampiro emocional* me habló por teléfono y me dijo que estaba dispuesto a acompañarme a mi estudio del corazón con la condición de que le quitara la demanda. De inmediato pensé: "¿Cómo supo?". Después de todo para bien o para mal todo se sabe en el ejército, y más en el hospital, que parece un pueblo chico e infierno grande.

Mi respuesta fue un: "No gracias, yo puedo sola." Simplemente no estaba dispuesta a regresar a la misma historia del eterno retorno como si siempre vivieras el mismo día. Los *narcis* te buscarán para volverte a drenar. ¡No lo olvides! Ellos no aman. Hoy entiendo perfecto el por qué nunca me pudo decir o escribir *Lala*. Era más fácil un "Buenos días, amor", copiarlo y pegarlo a todos sus suministros.

Por cierto, a mí me encanta que me digan *Lala* o *Lalita*, de hecho por muchos años fue mi forma de romper el turrón en mi consultorio.

Así que ya sabes el secreto para hacerme sonreír y conste que no digo hacerme feliz porque la felicidad nace de una misma.

Llegó el veintiuno de abril y cumplí *ccincuenta y ccinco*, como diría el abuelo. Acomodé mi mantelito individual, de cuadritos rojos y blancos como de pizzas, entre mi estufa y la freidora de aire y desayuné unos deliciosos tamales con champurrado que me trajo Maribel muy temprano. Me hizo sentir especial y afortunada. Poco a poco fui recibiendo llamadas y mensajes de felicitación, pasteles virtuales de mis grupos de *whats* y mi *Face* se llenó de "Cumpleaños Feliz" de personas que me siguen pero no nos conocemos. No esperaba que mis hijas me felicitaran y no me equivoqué. Por supuesto que dolió pero ya no tanto.

Confieso que tengo *libretitis* y me la paso escribiendo listas de pendientes urgentes e importantes. A veces frases que me gustan al leer o incluso recetas fáciles. También las uso como diario y cada noche hago un breve recuento de mis logros y detalles lindos que viví con dibujos y corazones.

Llegó el día de mi estudio y me presenté sola en ayunas con mis dos botellas de agua, un emparedado, un yogur y un licuado de proteína. Me tuve que cambiar y ponerme una bata que no cerraba y los enfermeros me prestaron cinta adhesiva para no andar enseñando *de a gratis*. Y llegaron los piquetes hasta dar con una buena vena y pasarme líquidos con venenos radiactivos. Te ponían a caminar pero en mi situación movía las piernas y los brazos en la silla de ruedas. Los estudios consistían en ir monitoreando mi corazón, en ayunas, con líquidos, desayunada y después de ir al baño. Pasé tres veces a un lugar frío y me acostaron para pasarme por un cilindro que rodeaba mi cuerpo con movimientos circulares veloces y muy ruidosos. El estudio duró siete horas.

Me di cuenta que era la más chava de todos y también la más platicadora. Me tocó escuchar muchas historias y acompañar en su dolor a otros más. Al terminar, la doctora Gina me dijo que había sido muy valiente al ir sola y que se encontró un corazón cansado con un infarto antiguo y otro más reciente.

–Laura, su corazón ha cargado con mucha tristeza.

–¿A poco eso también se vió en el estudio? –alcé mi ceja derecha al estilo María Félix.

Me dió cita el 26 de mayo para decirme lo que resultara tras presentar mi caso con el equipo médico completo. Ya nos conocíamos por los congresos y textual me dijo que mi esposo era un maldito, pero mis hijas no tenían alma. ¡No la merecen!.

–¿Cómo se regresa?

–En taxi.

–Por favor me escribe para saber que llegó bien.

–¡Ay Dios! Llevaba años sin oír esa frase y qué bien se siente el gozo en el alma cuando sonríe.

Llegué a cardio al diez para las ocho y esperé para tocar a la puerta del cónsul en punto. La doctora venía caminando rápidamente por el pasillo y me dijo que íbamos a esperar a otro médico para que me dijeran el procedimiento a seguir.

Desde ese momento mi mente y mi espíritu ya estaban protegidos con una armadura para soportar cualquier diagnóstico.

Empezamos a platicar acerca del palacio que estaban construyendo en el Hospital Militar para ampliarlo, un derroche millonario en contraste con el desabasto en la farmacia, cuando entró otro médico al cual no había visto antes empezó entonces la lluvia de ideas acerca de lo que había reflejado el estudio.

–Laura, tiene usted un corazón muy cansado. Con arritmias y extrasístoles, lo cual es una activación eléctrica anormal.

–¿Por eso siento como un vuelco en el corazón?

–Efectivamente. Sin embargo, ya tuvo dos infartos que quizá causaron el bloqueo de la rama derecha. No es candidata para marcapasos, sino para cirugía ya que su válvula mitral está dañada y trataremos de repararla. Las compuertas no abren bien y el poco flujo se regresa. Su fracción de expulsión es muy baja. Por la gravedad se va a encamar el domingo 28 para ser operada el 29 de mayo.

No dejaba de llorarme el ojo izquierdo y la doctora Gina me acercó un pañuelo, a lo cual respondí que el ojo izquierdo era mi lado sensible

–¿En serio llora solo de un ojo?

–No, me destruyeron el lagrimal por un golpe.

Estamos enterados y conmovidos de lo que le pasó, llegó su demanda a la dirección del hospital.

–Aquí está una hoja de ingreso con las especificaciones que debe de acatar.

–Muy bien, la leí y me dieron un oficio a firmar donde aceptaba la intervención así como el posible riego de muerte.

–Alguna duda o comentario que quiera expresar, Laura.

–Sí, por ningún motivo le informen al papá de mis hijos, como paciente es mi derecho. Y si pasa algo lamentable antes de pasar al quirófano les entregaré mi voluntad anticipada.

–Claro que sí. Tanatóloga y muy buena además, dijo el doctor.

Mientras escribía un correo de regreso a casa y con la certeza de que nada iba a cambiar en mi pequeña familia le pedí al chofer del taxi que me llevara a una notaría. Hice un nuevo testamento y mi voluntad anticipada. En caso de entrar en paro no reanimarme. Contactar a Olivia de la agencia funeraria y ellos se encargarán de la logística.

Desde hace unos ayeres tengo pagado mi servicio funerario, el cual debe de entrar en la canasta básica junto con las terapias.[15]

Después pasé al banco y cambié mi seguro de vida a nombre de Héctor, quien desde que me llevó a urgencias se comprometió a cuidar a mis niñas peludas.

---

15. Incineración sin velorio y sembrar mis cenizas en un arbolito. Muy ecológico y ad hoc a nuestros tiempos.

En el banco me di cuenta de que me estaba quedando bruja[16] y ahí empecé a pasar aceite pues tenía que conseguir a una cuidadora que supiera cocinar para que estuviera conmigo desde mi encame y después en mi recuperación en casa.

Mi Lalita, ya sabes que siempre he sido reservada y lo que estaba viviendo no era como para publicarlo en las redes sociales. Pocas personas supieron mi historia y es momento de agradecer a Mary Tere y a Lizi que al saber que necesitaba de una cuidadora me hicieron una transferencia con todo su cariño ya que sabían el costo de ese servicio por experiencia propia. Los milagros siempre han existido, solo falta creer en ellos. Gracias por ser parte del escuadrón de mis ángeles terrenales.

Agoté con familia, amigos y hasta con Héctor la posibilidad de conseguir una cuidadora. Al final le comenté a Geraldine, mi terapista física, quien de inmediato me recomendó a una enfermera que había cuidado a su mamá por 8 años. Viajó desde Tehuacán, Puebla el sábado temprano para estar conmigo desde mi encame el domingo.

No la conocía pero estaba recomendada por alguien que había convivido conmigo desde hacía meses tres veces por semana, además vivimos en el mismo fraccionamiento.

Claudia Agama, llegó solícita, servicial, empática y puedo decir que hasta cariñosa. ¡Era demasiado bueno para

---

16. Estar bruja es no tener dinero. Ser bruja es estar casada por mas de veinte años. Ser hechicera es saber enamorar.

ser verdad! Como dice el dicho: "Vive con ella un mes y verás quien es".[17]

Me dieron cuarto de General, *ok*, sí soy esposa de General retirado y demandado. Lo que me hace decantarme hacia el General Marbán nuevamente o quizá el director del hospital por lo bien que me trataron.

Llegaron por mí a las siete en punto de la mañana, fui la primer cirugía programada. Y ya te la sabes, a buscar venas para el suero y venenos. El enfermero me dijo: "Está super pálida y fría. Acto seguido llegó la doctora Gina a quien le di mi voluntad anticipada, la leyó y me dió un abrazo reconfortante. Lo último que dije fue: "Estoy en las mejores manos".

La sensación que tuve en el trayecto hacia el quirófano es posiblemente lo que un prisionero de guerra experimentaba ante la guillotina, en unos minutos pasó toda mi vida aunque ya sin el peso que significa soltar a quien ya me había soltado mucho tiempo antes. Me sentí liviana, sin deudas de honor porque mi paso por este plano tuvo muchos sentidos y fui lo mejor que pude, sin escatimar en el precio de la consciencia por el puro valor de expresarme sin miedo ni complejos.

---

17. Mientras me cuidó me di cuenta de que no tenía estudios de enfermería, se equivocaba con mis dosis de medicamentos y comía como si me odiara, como un adolescente. Me pidió vacaciones para ir a ver a su hijo y esposo en dos ocasiones y comenzó con el robo hormiga. En cuanto me sentí un poco mejor le dije hasta nunca. Cuídate de las personas que abusan de tu vulnerabilidad y aparente debilidad o soledad porque también eso es traición.

Como decía mi *páp*: "Si lo que te robó tiene solo valor monetario, te salió barato".

Estando en la sala de recuperación entre el efecto de la anestesia y el sueño escuché que decían: "Lo sentimos pero ya no quisimos arriesgar al paciente, a pesar de no encontrar arterias tapadas, con medio corazón cansado y lento ya no hay nada que hacer, solo esperar un posible infarto fulminante".

A mi derecha estaba una persona añosa, creo que era una mujer y pensé al mismo tiempo que escuchaba el dolor que significaría para su familia enterarse de este hallazgo.

Al abrir los ojos ya estaba en mi cuarto abrazando a mi oso *Mungus*. Y me dijo Claudia que escribieron muchas personas desde temprano para preguntar cómo estaba y les dijo que seguía en el quirófano o medio dormida. También me comentó que hablé mientras soñaba y que decía que tenía antojo de pozole con tostadas, col y rábanos. Y las enfermeras me decían: "Doña Laurita, no se quite las puntas de oxígeno, ¿cómo se siente?" "Borracha, jajaja".

Recibir llamadas y mensajes de recupérate pronto es muy bonito pero nada se compara con el tiempo y el amor de una visita en el frío hospital. Mi prima Mónica viajó desde Metepec para verme, consentirme y hacerme reír eso es *priceless*. Te quiero mucho y lo sabes.

Poco a poco me fueron destetando de los monitores, el oxígeno, el suero, mi bata sucia cambió por una limpia y pude pararme al baño con ayuda, ¡libre soy!.

Pero mi *Lalita* como siempre te lo repito: "Nada es para siempre". Llegó el cambio de turno.

–Doctora, hicimos todo lo posible pero ya no quisimos exponerla...

–¡Dios mío lo que escuché en recuperación era mi diagnóstico!

Cuando me dieron de alta, decidí vivir cada día con todos mis sentidos, hasta el del humor. No dejar nada para después y darle mi mano al dios Tanos en señal de respeto y tregua hasta cumplir con entereza e integridad mi misión: que se haga justicia.

Hace mucho que aprendí a no juzgar lo que no entiendo; sin embargo, los secretos que consideras inofensivos son los más peligrosos.

¿Qué tal si vivimos en el sueño de otra persona?

Las cosas cambian, crecen o se marchitan pero la vida continúa.[18]

---

18. *Yo antes de ti*, Jojo Moyes.

CAPÍTULO 7

IR HACIA LA BELLEZA COMO REMEDIO PARA RESURGIR CON RESILIENCIA

Estoy perdida.
Estoy buscando mi sitio en lugares donde
pueda ser yo misma.
Laura • *Lala* • *Lalita*

Declaro firmemente que nadie tiene derecho a juzgar cómo me siento, cuando todos alguna vez nos hemos sentido tristes sin lágrimas o alegres con los ojos empapados.

Todos hemos intentado alguna vez hacer una vida normal cuando nuestro corazón estaba apachurrado y roto en mil pedazos, y en ello no hay nada de malo. Sin embargo, en ocasiones nos enfrentamos con el mensaje de que estamos sintiendo algo distinto a lo que deberíamos sentir, negando todo por miedo al abandono o por tener baja autoestima. Es entonces cuando la culpa aparece.

No te juzgues, si hoy no puedes con todo, no pasa nada si no puedes levantarte aún: tómate tu tiempo.

No te olvides de que la gente que está rota tiene pedazos de vida sueltos que pueden estar infectados, y que todo eso duele al andar, al respirar e incluso al pensar.

Descansa, inicia el duelo, abraza tus heridas, porque poco a poco sentirás tu cuerpo más liviano y tu mente más fuerte.

Quizá te den ganas de comprar un *one way ticket* porque estás segura de que nadie te va a extrañar pero recuerda que no todos los amores merecían ser vividos al límite, cuando estuviste en riesgo de perder tu dignidad.

Siempre puedes volver a empezar a pesar de los años a pesar de los daños.

Uno es joven hasta que se muere.
Pablo Picasso[19]
Hay personas que mueren a los veinticinco y los entierran a los setenta y cinco.[20]

Mi hoja de alta junto con el diagnóstico de mi corazón, el cual reportaron como reservado estuvieron sobre el escritorio de mi biblioteca por ocho semanas, el tiempo que me recomendaron guardar reposo. Tratar de no exaltarme ni enojarme y en cuanto a mi alimentación no hubo restricción alguna pero, mis médicos hicieron hincapié en que tomara rehabilitación cardiovascular y por supuesto mis medicamentos.

Llegué a sentir que mi cuerpo entraba al proceso de los cuidados paliativos no obstante seguía prendida la flama

---

19. Pablo Diego José Francisco de Paula Juan Nepomuceno Cipriano de la Santísima Trinidad Ruiz Picasso.

20. *Lalita* frase.

de dejar un legado y comencé a escuchar mis pláticas, mis transmisiones por radio, a leer mis cuentos y reflexiones y recordé algunas tareas que les dejaba a mis pacientes.

Al dejar de verte y tratarte como víctima empiezas a darle menos excusas al sufrimiento y comienza tu viaje hacia la autotrascendencia.[21]

Retomé la dirección de mi mejor obra. Ahora mi sentido de vida soy yo.

Retomé mi rehabilitación y le pedí a Geraldine por tercera vez que me hiciera un reporte donde acreditara en qué situación empecé con ella y cuánto había mejorado mi marcha. Pero se negó , considero que estaba en todo mi derecho de tener una constancia para integrar en mi carpeta. Después de todo le había pagado durante un año y por mes adelantado. Su argumento fue que no quería problemas por apoyarme. Lo cual tomé como una actitud poco profesional y le dije que buscaría otra persona.

Tomé el timón de mi vida y me presenté en el Isssfam y en cuarenta minutos quedó lista la orden del pago de mi pensión, lo que mi abogado no pudo resolver en seis meses.

Acudí a la fiscalía justo a un día de que mi demanda fuera archivada por falta de seguimiento de mi abogado. Y de inmediato empecé a integrar mi carpeta con todo lo que

---

21. Salir de tu dolor y empezar la sublimación, es decir pasar del estado sólido al gaseoso. Dejar de ser solo cuerpo para transformarte en espíritu creador de belleza solidaria que valide, escuche sin juzgar, acompañe, contenga y abrace.
Ser una persona vitamina.

faltaba, incluyendo la revocación del *abogadete* y la sustitución de mi ministerio público al cual se le olvidó su función más importante: representarme ante la ley.

Empecé a tejer una red de apoyo con los *viene vienes*, los policías y mis nuevas abogadas de oficio. Fue entonces que abrí una segunda carpeta con un delito que se persigue de oficio, es decir sin audiencias y directo a prisión: violación, pasé con el médico legista y el resultado fue positivo. Ese mismo día me llevaron en patrulla con la psicóloga de un centro de salud estatal quien me atendió impecablemente durante la entrevista y al final me dijo que por qué hasta ahora había demandado a lo cual respondí:

–Porque desperté y ya no tengo miedo.

–Déjeme decirle que es usted muy valiente y que no necesita más sesiones conmigo. Su salud mental es impecable, hoy he conocido a un toro muy toreado –esa frase fue muy linda porque yo soy tauro.

Las mujeres policías que me estuvieron acompañando también me regresaron a casa en patrulla y se los agradecí con el alma. De verdad que me hicieron sentir muy importante, como hacía mucho tiempo.

Decidí subir a mis redes videos hablando sobre la causa de mi discapacidad y la necesidad de ser una sociedad incluyente y respetuosa. Empecé una serie de historias que llamé las *narci-aventuras* donde conté mi situación en todas mis redes las cuales tuvieron mucho éxito. Hoy tengo más de catorce mil seguidores. Tomé la decisión de mandar correos y mensajes a personalidades de los medios de comunicación y de la política explicando mi situación pero no me han contestado. México agoniza por la impunidad y la corrupción.

Entre mis *fans* no podían faltar el *Fregos* y sus hermanos, a quienes he bloqueado incesantemente pero debido a que la tecnología no se me da muy bien, aparecen y reaparecen con amenazas para callarme, lo cual no van a conseguir.

Cuando has perdido todo ya no hay miedo, y tus sombras son alfiles en el campo de batalla.

En el mes de septiembre del 2023 el *vampi* burló la ley de seguridad en dos ocasiones consiguiendo que mi consuegra Regina diera la autorización de su ingreso a su torre la cual queda justo frente al mía, y desde sus ventanas pudieron atacarme con arma de fuego, "¡Esto no es un chiste!" a lo cual respondí con una ley de apercibimiento para que no vuelva a ocurrir. Y desde esa fecha entran patrullas de dos a tres veces al fraccionamiento para garantizar mi seguridad. Así que también aprendí a cuidarme del enemigo tomado caminos diferentes cuando tengo que salir al médico por ejemplo. Ahora también soy *Lalita la 007*.

Ir hacia la belleza es encontrar la verdadera esencia de los placeres con cada sentido en el tiempo y espacio donde habitas. Es vivir y disfrutar del aquí y del ahora tal como lo hice en mi Navidad del 2023.

Cociné bacalao a la versión de *Lalita*, mis secretos de cocina.[22]

Tuve el ánimo de decorar mi *cueva* con ambiente navideño delicado, acogedor y con detalles en varios lugares para que hubiera armonía, estética y presencia a través de algunos de Belenes de mi colección de miniaturas.

No podía faltar la música de villancicos todo el día y el olor al ponche de frutas. El turrón, las castañas y el Oporto como aperitivo y el maridaje de la cena fue espectacular, una *Moët* de 250 ml. por el gusto de ser y estar conmigo.

Al poner mis labios sobre la flauta de champán las burbujas traviesas me hicieron recordar los besos robados de mi juventud ¡los más ricos de mi vida! *Lalita* nacimos para ser felices, no santas, la vida es fugaz y siempre habrá momentos que debemos atrapar para que no mueran en lo etéreo.

Ser madre no apaga la fuerza femenina ni mucho menos el placer de ser amada con la docilidad de la miel. Todas las mujeres merecen un amor bonito, íntimo, sensual y exclusivo.

---

22. Página de *Facebook* de mis recetas desde hace ocho años.

EPÍLOGO

Querida yo del futuro:

Sí sufrí de abuso narcisista y tuve que aguantar lo que no tenía que soportar.

Muchas personas no me han creído y me han juzgado y aislado.

Estoy harta de callar.

Hoy soy lo que soy, lo que tengo y lo que quiero.

Nunca volveré a ser la misma.

He elegido tener amnesia selectiva.

Lo que dolió ayer ahí se quedó como ya no aparecer en la foto familiar de su viaje de verano en agosto del 2023. Eso es muerte social o muerte en vida.

No tengo nada que perdonar hijas solo entender que no vibramos igual.

No pretendo exigir amor pero sí respeto.

Mi pasado no me determina y voy paso a paso para observar a través de la incertidumbre nuevos colores en mi existencia plena y llena de sueños por cumplir.

Prometo llenarme de proyectos y vida social porque está probado que ser solitario reduce la esperanza de vida.

Recuerda que el tiempo que te dediques y que inviertas en ti, será la estrella que te catapulte al otro lado del miedo, el cual nos mantiene en alerta y tampoco puedes vivir sin el ego que controla la moral y los instintos.

Cuando el amor y el deber son uno, la congruencia entre lo que sientes y piensas hacen todo más armonioso.

Al no dar nada por sentado, se abre un mundo de posibilidades que te sorprenderán.

Solo confía y empieza a disfrutar del milagro que ya llegó.

Somos una vez en la vida y no hay nadie como tú.

Una mujer empoderada se acepta con sus sombras, se salva sola y establece vínculos con relaciones funcionales y comprometidas. No quiero morir antes de enamorarme.

Ser mujer es un título nobiliario.[23]
Mujeres del mundo uniros por la justicia.

---

23. *Lalita* frase.

CANCIONES SUGERIDAS POR CAPÍTULO

1. **Abandono y soledad**
   Enigma, *Sadness (Full Version)*

2. **Enfrentando a los fantasmas de mis miedos**
   Barbra Streisand, Il Divo & William
   Ross, *The Music of the Night*

3. **La espera de una voz amiga con empatía**
   Alicia Keys, *Girl on Fire*

4. **Cómo enfrenté la tormenta emocional sin ahogarme**
   Barbra Streisand & Donna Summer, *No
   more Tears (Enough is Enough)*

5. **No perdí mi faro**
   The Chainsmokers & Cold Play, *Something Just Like This*

6. **La que entró al quirófano murió
   y la que salió es otra mujer**
   Celine Dion, *All By Myself*

7. **Cambié mi rumbo hacia la belleza
   para resurgir con resiliencia**
   Robbie Williams, *Love my Life*

AGRADECIMIENTOS

Para mi escuadrón de ángeles terrenales que me
apoyaron desde la primera línea que escribí.

Familia, amigos que son familia, vecinos y
compañeros de viaje y por supuesto a mis seres
de luz que me miran detrás de las estrellas.

Este libro no hubiera sido posible sin la
colaboración creativa de Alejandro Godin.

Made in the USA
Columbia, SC
11 July 2024

38215178R00059